MATH
ADDITION AND SUBTRACTION
WORKBOOK

8 + 7 ——— 15	2 + 3 ——— 5	8 + 4 ——— 12	5 + 9 ——— ?	8 − 5 ——— ?	10 − 3 ——— ?
72 + 13 ——— 85	22 + 43 ——— 65	36 + 20 ——— 56	18 + 48 ——— ?	22 − 13 ——— ?	62 − 41 ——— ?

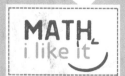

Welcome to the start of your challenge!

In 100 days your addition and subtraction skills will be amazing!
You need only one thing - **perseverance**!
I promise you that in about 3 months you will be a math master and maybe even a math lover! I wish you that!

Your task - every day perform the 48 examples I have prepared for you. If you found any of them difficult, write it down at the top of the page and repeat it the next day. And that's it! Sounds good, doesn't it?

Ok, so let's do it! :)

. . . .
Your Name

CHALLENGE ACCEPTED!

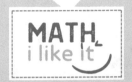

TABLE OF CONTENTS

ADDITION PRINCIPLES

HOW TO EXPLAIN AN ADDITION?

Addition in math is a process of calculating the total of two or more numbers or amounts.

Imagine that you have 8 candies and your friend has 6 candies.
How many sweets do you have together?

$$8 + 6 = 14$$

Together you have 14 candies.

HOW DO WE CALL THE ELEMENTS OF ADDITION?

Two or more values that we add to each other are called **addends**. The result of this operation is called **sum**.
The addition symbol used to indicate adding numbers is "+" (also called the plus symbol).

$$8 + 6 = 14$$

ADDEND   ADDEND   SUM

ADDITION FACTS

Adding zero to a number gives the number itself. $8 + 0 = 8$

Adding 1 to a number gives the successor of that number. $8 + 1 = 9$

Changing the order of the addends does not change the sum. $8 + 2 = 2 + 8 = 10$

SUBTRACTION PRINCIPLES

HOW TO EXPLAIN SUBTRACTION?

Subtractions means to take away from a group or a number of things, and is the opposite of addition.
Imagine that you have 8 candies and your friend wants 3 candies.
How many sweets do you have left?

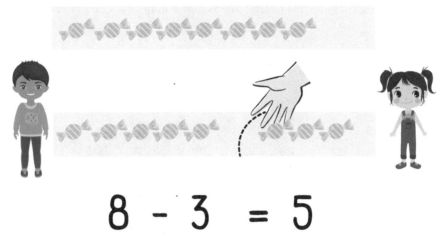

$$8 - 3 = 5$$

You have left 5 candies.

HOW DO WE CALL THE ELEMENTS OF SUBTRACTION?

The number from which we subtract is called **minuend,** and the number subtracted is **subtrahend**. The result of this operation is called **difference**.
The subtraction symbol used to indicate subtracted numbers is "-" (also called the minus symbol).

$$8 - 6 = 2$$

MINUEND   SUBTRAHEND   DIFFERENCE

SUBTRACTION FACTS

Subtracting zero from a number gives the number itself.

$$8 - 0 = 8$$

Subtracting 1 from some number gives the predecessor of that number.

$$8 - 1 = 7$$

You can't change the order of subtracted numbers, because changing the order of the subtracted numbers <u>completely changes the result</u>!

$$8 - 5 = 3$$
$$5 - 8 = -3$$

3

VERTICAL ADDITION AND SUBTRACTION

This book will serve you to practice the rules of **vertical addition and subtraction**.

In vertical addition and subtraction, we arrange the numbers vertically using their respective place values, like ones, tens, hundreds, thousands, etc.
We start adding or subtracting from the right side (or digit at ones or unit place).

While solving such problems, we may come across two kinds of cases:
* without regrouping
* with regrouping

ADDITION WITHOUT REGROUPING:

3. Add the tens digits.

1+1=2

4. Write the sum under the tens digit.

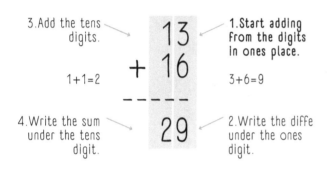

1. Start adding from the digits in ones place.

3+6=9

2. Write the diffe under the ones digit.

ADDITION WITH REGROUPING:

3. Add the tens digits. If there was a carry-forward digit, add it along.

1+1+1=3

4. Write the sum under the tens digit.

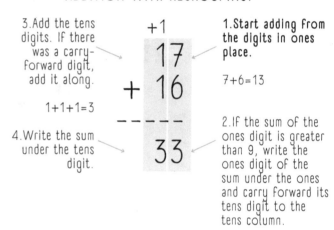

1. Start adding from the digits in ones place.

7+6=13

2. If the sum of the ones digit is greater than 9, write the ones digit of the sum under the ones and carry forward its tens digit to the tens column.

SUBTRACTION WITHOUT REGROUPING:

3. Subtract the tens digits.

2-1=1

4. Write the difference under the tens digit.

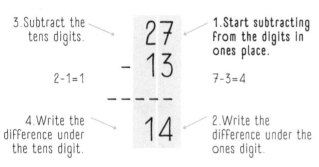

1. Start subtracting from the digits in ones place.

7-3=4

2. Write the difference under the ones digit.

SUBTRACTION WITH REGROUPING:

3. Subtract the tens digits. Since we regroup 1 ten as 10 ones into the ones column, the value in the tens place will reduce by 1. This means we decrease 1 from 4.

3-1=2

4. Write the difference under the tens digit.

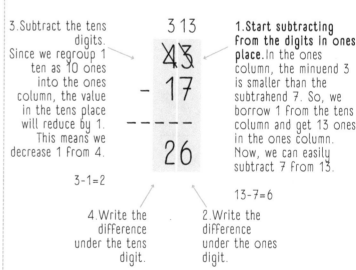

1. Start subtracting from the digits in ones place. In the ones column, the minuend 3 is smaller than the subtrahend 7. So, we borrow 1 from the tens column and get 13 ones in the ones column. Now, we can easily subtract 7 from 13.

13-7=6

2. Write the difference under the ones digit.

DAY 1 - ADDITION AND SUBTRACTION
SINGLE DIGITS

DATE: ....

SCORE: .... /48

<25
>35
>45

TO REPEAT: ....
list the examples that
caused you problems
....

1)
```
  7
+ 2
```

2)
```
  7
+ 8
```

3)
```
  5
+ 7
```

4)
```
  8
+ 3
```

5)
```
  5
+ 4
```

6)
```
  0
+ 2
```

7)
```
  1
+ 5
```

8)
```
  9
+ 5
```

9)
```
  5
+ 2
```

10)
```
  5
+ 6
```

11)
```
  8
+ 1
```

12)
```
  4
+ 3
```

13)
```
  1
+ 7
```

14)
```
  3
+ 8
```

15)
```
  3
+ 2
```

16)
```
  1
+ 5
```

17)
```
  2
+ 7
```

18)
```
  1
+ 1
```

19)
```
  3
+ 8
```

20)
```
  1
+ 6
```

21)
```
  7
+ 3
```

22)
```
  2
+ 9
```

23)
```
  7
+ 6
```

24)
```
  4
+ 2
```

25)
```
  8
- 2
```

26)
```
  8
- 7
```

27)
```
  8
- 1
```

28)
```
  7
- 6
```

29)
```
  5
- 1
```

30)
```
  7
- 6
```

31)
```
  9
- 6
```

32)
```
  7
- 2
```

33)
```
  5
- 4
```

34)
```
  4
- 1
```

35)
```
  5
- 3
```

36)
```
  9
- 3
```

37)
```
  9
- 7
```

38)
```
  7
- 1
```

39)
```
  8
- 2
```

40)
```
  5
- 2
```

41)
```
  3
- 2
```

42)
```
  6
- 3
```

43)
```
  5
- 2
```

44)
```
  5
- 4
```

45)
```
  6
- 4
```

46)
```
  6
- 6
```

47)
```
  7
- 7
```

48)
```
  8
- 4
```

DAY 2 - ADDITION AND SUBTRACTION
SINGLE DIGITS

DATE: ....

SCORE: ..../48

<25

>35

>45

TO REPEAT: ....
list the examples that
caused you problems ....

1)
3
$+ 5$

2)
0
$+ 8$

3)
0
$+ 3$

4)
7
$+ 5$

5)
9
$+ 5$

6)
6
$+ 6$

7)
1
$+ 6$

8)
5
$+ 1$

9)
0
$+ 2$

10)
5
$+ 9$

11)
2
$+ 2$

12)
3
$+ 6$

13)
6
$+ 2$

14)
8
$+ 4$

15)
6
$+ 8$

16)
7
$+ 5$

17)
5
$+ 3$

18)
9
$+ 5$

19)
0
$+ 5$

20)
1
$+ 4$

21)
1
$+ 2$

22)
9
$+ 4$

23)
6
$+ 9$

24)
2
$+ 7$

25)
6
$- 2$

26)
3
$- 1$

27)
7
$- 5$

28)
6
$- 1$

29)
9
$- 8$

30)
2
$- 2$

31)
9
$- 3$

32)
2
$- 1$

33)
5
$- 1$

34)
8
$- 4$

35)
5
$- 2$

36)
8
$- 3$

37)
5
$- 3$

38)
3
$- 2$

39)
7
$- 7$

40)
5
$- 2$

41)
3
$- 3$

42)
9
$- 5$

43)
9
$- 2$

44)
8
$- 8$

45)
9
$- 7$

46)
6
$- 4$

47)
5
$- 3$

48)
9
$- 8$

DAY 3 - ADDITION AND SUBTRACTION
SINGLE DIGITS

DATE: ....

SCORE: ..../48

<25

>35

>45

TO REPEAT: ....
list the examples that
caused you problems

....

1)
```
   2
 + 9
```

2)
```
   2
 + 5
```

3)
```
   2
 + 9
```

4)
```
   6
 + 5
```

5)
```
   0
 + 9
```

6)
```
   2
 + 1
```

7)
```
   2
 + 7
```

8)
```
   0
 + 4
```

9)
```
   7
 + 2
```

10)
```
   4
 + 2
```

11)
```
   5
 + 7
```

12)
```
   4
 + 8
```

13)
```
   9
 + 7
```

14)
```
   4
 + 6
```

15)
```
   5
 + 8
```

16)
```
   6
 + 3
```

17)
```
   5
 + 1
```

18)
```
   6
 + 1
```

19)
```
   3
 + 9
```

20)
```
   8
 + 4
```

21)
```
   3
 + 9
```

22)
```
   4
 + 3
```

23)
```
   0
 + 6
```

24)
```
   6
 + 8
```

25)
```
   9
 - 6
```

26)
```
   8
 - 1
```

27)
```
   8
 - 8
```

28)
```
   7
 - 2
```

29)
```
   7
 - 7
```

30)
```
   7
 - 4
```

31)
```
   9
 - 7
```

32)
```
   7
 - 6
```

33)
```
   5
 - 1
```

34)
```
   8
 - 7
```

35)
```
   3
 - 2
```

36)
```
   7
 - 3
```

37)
```
   3
 - 1
```

38)
```
   8
 - 2
```

39)
```
   3
 - 1
```

40)
```
   8
 - 5
```

41)
```
   8
 - 1
```

42)
```
   9
 - 9
```

43)
```
   6
 - 4
```

44)
```
   6
 - 2
```

45)
```
   7
 - 1
```

46)
```
   9
 - 7
```

47)
```
   9
 - 6
```

48)
```
   4
 - 1
```

7

DAY 4 - ADDITION AND SUBTRACTION

SINGLE DIGITS

DATE: ....

SCORE: ..../48

<25

>35

>45

TO REPEAT: ....
list the examples that
caused you problems
....

1)
$$\begin{array}{r} 5 \\ + 7 \\ \hline \end{array}$$

2)
$$\begin{array}{r} 2 \\ + 7 \\ \hline \end{array}$$

3)
$$\begin{array}{r} 0 \\ + 1 \\ \hline \end{array}$$

4)
$$\begin{array}{r} 0 \\ + 2 \\ \hline \end{array}$$

5)
$$\begin{array}{r} 9 \\ + 6 \\ \hline \end{array}$$

6)
$$\begin{array}{r} 6 \\ + 7 \\ \hline \end{array}$$

7)
$$\begin{array}{r} 7 \\ + 8 \\ \hline \end{array}$$

8)
$$\begin{array}{r} 1 \\ + 3 \\ \hline \end{array}$$

9)
$$\begin{array}{r} 1 \\ + 9 \\ \hline \end{array}$$

10)
$$\begin{array}{r} 9 \\ + 3 \\ \hline \end{array}$$

11)
$$\begin{array}{r} 4 \\ + 9 \\ \hline \end{array}$$

12)
$$\begin{array}{r} 7 \\ + 2 \\ \hline \end{array}$$

13)
$$\begin{array}{r} 6 \\ + 1 \\ \hline \end{array}$$

14)
$$\begin{array}{r} 4 \\ + 5 \\ \hline \end{array}$$

15)
$$\begin{array}{r} 0 \\ + 7 \\ \hline \end{array}$$

16)
$$\begin{array}{r} 5 \\ + 5 \\ \hline \end{array}$$

17)
$$\begin{array}{r} 5 \\ + 6 \\ \hline \end{array}$$

18)
$$\begin{array}{r} 4 \\ + 2 \\ \hline \end{array}$$

19)
$$\begin{array}{r} 5 \\ + 3 \\ \hline \end{array}$$

20)
$$\begin{array}{r} 0 \\ + 5 \\ \hline \end{array}$$

21)
$$\begin{array}{r} 5 \\ + 7 \\ \hline \end{array}$$

22)
$$\begin{array}{r} 0 \\ + 2 \\ \hline \end{array}$$

23)
$$\begin{array}{r} 3 \\ + 8 \\ \hline \end{array}$$

24)
$$\begin{array}{r} 4 \\ + 9 \\ \hline \end{array}$$

25)
$$\begin{array}{r} 9 \\ - 6 \\ \hline \end{array}$$

26)
$$\begin{array}{r} 9 \\ - 1 \\ \hline \end{array}$$

27)
$$\begin{array}{r} 8 \\ - 6 \\ \hline \end{array}$$

28)
$$\begin{array}{r} 8 \\ - 8 \\ \hline \end{array}$$

29)
$$\begin{array}{r} 7 \\ - 3 \\ \hline \end{array}$$

30)
$$\begin{array}{r} 9 \\ - 9 \\ \hline \end{array}$$

31)
$$\begin{array}{r} 6 \\ - 1 \\ \hline \end{array}$$

32)
$$\begin{array}{r} 5 \\ - 4 \\ \hline \end{array}$$

33)
$$\begin{array}{r} 5 \\ - 5 \\ \hline \end{array}$$

34)
$$\begin{array}{r} 7 \\ - 7 \\ \hline \end{array}$$

35)
$$\begin{array}{r} 3 \\ - 3 \\ \hline \end{array}$$

36)
$$\begin{array}{r} 9 \\ - 5 \\ \hline \end{array}$$

37)
$$\begin{array}{r} 8 \\ - 7 \\ \hline \end{array}$$

38)
$$\begin{array}{r} 4 \\ - 1 \\ \hline \end{array}$$

39)
$$\begin{array}{r} 8 \\ - 4 \\ \hline \end{array}$$

40)
$$\begin{array}{r} 6 \\ - 2 \\ \hline \end{array}$$

41)
$$\begin{array}{r} 5 \\ - 4 \\ \hline \end{array}$$

42)
$$\begin{array}{r} 3 \\ - 2 \\ \hline \end{array}$$

43)
$$\begin{array}{r} 9 \\ - 1 \\ \hline \end{array}$$

44)
$$\begin{array}{r} 4 \\ - 4 \\ \hline \end{array}$$

45)
$$\begin{array}{r} 5 \\ - 3 \\ \hline \end{array}$$

46)
$$\begin{array}{r} 9 \\ - 1 \\ \hline \end{array}$$

47)
$$\begin{array}{r} 3 \\ - 3 \\ \hline \end{array}$$

48)
$$\begin{array}{r} 7 \\ - 7 \\ \hline \end{array}$$

DAY 5 - ADDITION AND SUBTRACTION
SINGLE DIGITS

DATE: ....

SCORE: ..../48

<25
>35
>45

TO REPEAT: ....
list the examples that
caused you problems
....

1)
```
  5
+ 9
```

2)
```
  8
+ 4
```

3)
```
  2
+ 3
```

4)
```
  6
+ 7
```

5)
```
  2
+ 3
```

6)
```
  8
+ 8
```

7)
```
  1
+ 8
```

8)
```
  1
+ 2
```

9)
```
  4
+ 6
```

10)
```
  5
+ 8
```

11)
```
  0
+ 8
```

12)
```
  7
+ 8
```

13)
```
  4
+ 8
```

14)
```
  7
+ 4
```

15)
```
  0
+ 3
```

16)
```
  2
+ 6
```

17)
```
  8
+ 1
```

18)
```
  1
+ 4
```

19)
```
  9
+ 1
```

20)
```
  7
+ 9
```

21)
```
  3
+ 4
```

22)
```
  2
+ 4
```

23)
```
  4
+ 6
```

24)
```
  2
+ 9
```

25)
```
  9
- 4
```

26)
```
  7
- 4
```

27)
```
  2
- 2
```

28)
```
  3
- 3
```

29)
```
  5
- 4
```

30)
```
  3
- 2
```

31)
```
  8
- 5
```

32)
```
  5
- 2
```

33)
```
  5
- 5
```

34)
```
  6
- 4
```

35)
```
  7
- 2
```

36)
```
  2
- 2
```

37)
```
  8
- 4
```

38)
```
  9
- 7
```

39)
```
  5
- 4
```

40)
```
  3
- 1
```

41)
```
  6
- 4
```

42)
```
  5
- 3
```

43)
```
  8
- 1
```

44)
```
  9
- 4
```

45)
```
  8
- 3
```

46)
```
  3
- 1
```

47)
```
  6
- 5
```

48)
```
  9
- 4
```

9

DAY 6 - ADDITION AND SUBTRACTION
SINGLE DIGITS

DATE: ....

SCORE: ..../48

<25
>35
>45

TO REPEAT: ....
list the examples that
caused you problems ....

1)
$$\begin{array}{r} 7 \\ + 1 \\ \hline \end{array}$$

2)
$$\begin{array}{r} 9 \\ + 4 \\ \hline \end{array}$$

3)
$$\begin{array}{r} 9 \\ + 6 \\ \hline \end{array}$$

4)
$$\begin{array}{r} 9 \\ + 7 \\ \hline \end{array}$$

5)
$$\begin{array}{r} 7 \\ + 6 \\ \hline \end{array}$$

6)
$$\begin{array}{r} 1 \\ + 5 \\ \hline \end{array}$$

7)
$$\begin{array}{r} 8 \\ + 9 \\ \hline \end{array}$$

8)
$$\begin{array}{r} 6 \\ + 1 \\ \hline \end{array}$$

9)
$$\begin{array}{r} 1 \\ + 6 \\ \hline \end{array}$$

10)
$$\begin{array}{r} 1 \\ + 2 \\ \hline \end{array}$$

11)
$$\begin{array}{r} 1 \\ + 1 \\ \hline \end{array}$$

12)
$$\begin{array}{r} 6 \\ + 5 \\ \hline \end{array}$$

13)
$$\begin{array}{r} 1 \\ + 8 \\ \hline \end{array}$$

14)
$$\begin{array}{r} 4 \\ + 8 \\ \hline \end{array}$$

15)
$$\begin{array}{r} 9 \\ + 2 \\ \hline \end{array}$$

16)
$$\begin{array}{r} 3 \\ + 2 \\ \hline \end{array}$$

17)
$$\begin{array}{r} 4 \\ + 9 \\ \hline \end{array}$$

18)
$$\begin{array}{r} 4 \\ + 5 \\ \hline \end{array}$$

19)
$$\begin{array}{r} 2 \\ + 5 \\ \hline \end{array}$$

20)
$$\begin{array}{r} 6 \\ + 5 \\ \hline \end{array}$$

21)
$$\begin{array}{r} 5 \\ + 3 \\ \hline \end{array}$$

22)
$$\begin{array}{r} 7 \\ + 3 \\ \hline \end{array}$$

23)
$$\begin{array}{r} 7 \\ + 1 \\ \hline \end{array}$$

24)
$$\begin{array}{r} 0 \\ + 9 \\ \hline \end{array}$$

25)
$$\begin{array}{r} 8 \\ - 4 \\ \hline \end{array}$$

26)
$$\begin{array}{r} 6 \\ - 3 \\ \hline \end{array}$$

27)
$$\begin{array}{r} 9 \\ - 6 \\ \hline \end{array}$$

28)
$$\begin{array}{r} 9 \\ - 7 \\ \hline \end{array}$$

29)
$$\begin{array}{r} 9 \\ - 3 \\ \hline \end{array}$$

30)
$$\begin{array}{r} 8 \\ - 5 \\ \hline \end{array}$$

31)
$$\begin{array}{r} 6 \\ - 3 \\ \hline \end{array}$$

32)
$$\begin{array}{r} 8 \\ - 6 \\ \hline \end{array}$$

33)
$$\begin{array}{r} 3 \\ - 3 \\ \hline \end{array}$$

34)
$$\begin{array}{r} 6 \\ - 6 \\ \hline \end{array}$$

35)
$$\begin{array}{r} 7 \\ - 7 \\ \hline \end{array}$$

36)
$$\begin{array}{r} 8 \\ - 6 \\ \hline \end{array}$$

37)
$$\begin{array}{r} 8 \\ - 6 \\ \hline \end{array}$$

38)
$$\begin{array}{r} 9 \\ - 5 \\ \hline \end{array}$$

39)
$$\begin{array}{r} 8 \\ - 6 \\ \hline \end{array}$$

40)
$$\begin{array}{r} 6 \\ - 5 \\ \hline \end{array}$$

41)
$$\begin{array}{r} 7 \\ - 1 \\ \hline \end{array}$$

42)
$$\begin{array}{r} 5 \\ - 1 \\ \hline \end{array}$$

43)
$$\begin{array}{r} 5 \\ - 2 \\ \hline \end{array}$$

44)
$$\begin{array}{r} 3 \\ - 3 \\ \hline \end{array}$$

45)
$$\begin{array}{r} 4 \\ - 4 \\ \hline \end{array}$$

46)
$$\begin{array}{r} 7 \\ - 6 \\ \hline \end{array}$$

47)
$$\begin{array}{r} 9 \\ - 1 \\ \hline \end{array}$$

48)
$$\begin{array}{r} 7 \\ - 2 \\ \hline \end{array}$$

DAY 7 - ADDITION AND SUBTRACTION
SINGLE DIGITS

DATE: ....

SCORE: ..../48

<25
>35
>45

TO REPEAT: ....
list the examples that
caused you problems

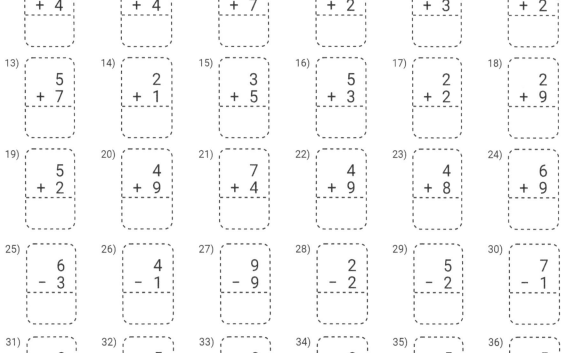

1) 7
  + 1

2) 2
  + 9

3) 9
  + 5

4) 4
  + 3

5) 9
  + 6

6) 1
  + 3

7) 6
  + 4

8) 8
  + 4

9) 0
  + 7

10) 0
   + 2

11) 2
   + 3

12) 5
   + 2

13) 5
   + 7

14) 2
   + 1

15) 3
   + 5

16) 5
   + 3

17) 2
   + 2

18) 2
   + 9

19) 5
   + 2

20) 4
   + 9

21) 7
   + 4

22) 4
   + 9

23) 4
   + 8

24) 6
   + 9

25) 6
   - 3

26) 4
   - 1

27) 9
   - 9

28) 2
   - 2

29) 5
   - 2

30) 7
   - 1

31) 8
   - 6

32) 5
   - 5

33) 8
   - 1

34) 8
   - 8

35) 5
   - 1

36) 5
   - 5

37) 8
   - 4

38) 1
   - 1

39) 7
   - 6

40) 7
   - 3

41) 4
   - 3

42) 4
   - 1

43) 8
   - 8

44) 7
   - 1

45) 3
   - 1

46) 5
   - 4

47) 3
   - 1

48) 9
   - 5

DAY 8 - ADDITION AND SUBTRACTION
SINGLE DIGITS

DATE: ....

SCORE: ..../48

<25

>35

>45

TO REPEAT: ....
list the examples that
caused you problems ....

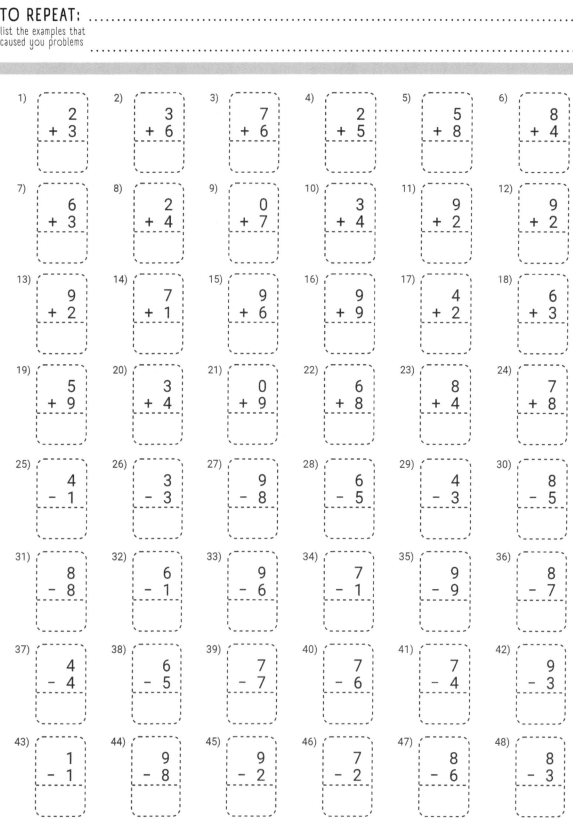

1) 2
  + 3

2) 3
  + 6

3) 7
  + 6

4) 2
  + 5

5) 5
  + 8

6) 8
  + 4

7) 6
  + 3

8) 2
  + 4

9) 0
  + 7

10) 3
  + 4

11) 9
  + 2

12) 9
  + 2

13) 9
  + 2

14) 7
  + 1

15) 9
  + 6

16) 9
  + 9

17) 4
  + 2

18) 6
  + 3

19) 5
  + 9

20) 3
  + 4

21) 0
  + 9

22) 6
  + 8

23) 8
  + 4

24) 7
  + 8

25) 4
  - 1

26) 3
  - 3

27) 9
  - 8

28) 6
  - 5

29) 4
  - 3

30) 8
  - 5

31) 8
  - 8

32) 6
  - 1

33) 9
  - 6

34) 7
  - 1

35) 9
  - 9

36) 8
  - 7

37) 4
  - 4

38) 6
  - 5

39) 7
  - 7

40) 7
  - 6

41) 7
  - 4

42) 9
  - 3

43) 1
  - 1

44) 9
  - 8

45) 9
  - 2

46) 7
  - 2

47) 8
  - 6

48) 8
  - 3

DAY 9 - ADDITION AND SUBTRACTION
SINGLE DIGITS

DATE: ....

SCORE: ..../48

<25
>35
>45

TO REPEAT: ....
list the examples that
caused you problems
....

1)
```
   9
 + 7
```

2)
```
   5
 + 6
```

3)
```
   3
 + 6
```

4)
```
   9
 + 7
```

5)
```
   8
 + 1
```

6)
```
   7
 + 2
```

7)
```
   2
 + 9
```

8)
```
   9
 + 2
```

9)
```
   6
 + 7
```

10)
```
   3
 + 4
```

11)
```
   6
 + 7
```

12)
```
   0
 + 7
```

13)
```
   5
 + 5
```

14)
```
   7
 + 2
```

15)
```
   3
 + 4
```

16)
```
   0
 + 6
```

17)
```
   4
 + 2
```

18)
```
   7
 + 6
```

19)
```
   9
 + 3
```

20)
```
   1
 + 8
```

21)
```
   9
 + 4
```

22)
```
   2
 + 4
```

23)
```
   4
 + 1
```

24)
```
   2
 + 8
```

25)
```
   9
 - 5
```

26)
```
   2
 - 2
```

27)
```
   4
 - 1
```

28)
```
   9
 - 6
```

29)
```
   8
 - 6
```

30)
```
   5
 - 3
```

31)
```
   6
 - 4
```

32)
```
   6
 - 3
```

33)
```
   5
 - 2
```

34)
```
   9
 - 9
```

35)
```
   7
 - 5
```

36)
```
   4
 - 3
```

37)
```
   6
 - 6
```

38)
```
   8
 - 2
```

39)
```
   8
 - 8
```

40)
```
   9
 - 5
```

41)
```
   8
 - 5
```

42)
```
   8
 - 4
```

43)
```
   9
 - 7
```

44)
```
   7
 - 2
```

45)
```
   4
 - 1
```

46)
```
   5
 - 2
```

47)
```
   3
 - 3
```

48)
```
   8
 - 6
```

13

DAY 10 - ADDITION AND SUBTRACTION
SINGLE DIGITS

DATE: ....

SCORE: ..../48

<25

>35

>45

TO REPEAT: ....
list the examples that
caused you problems   ....

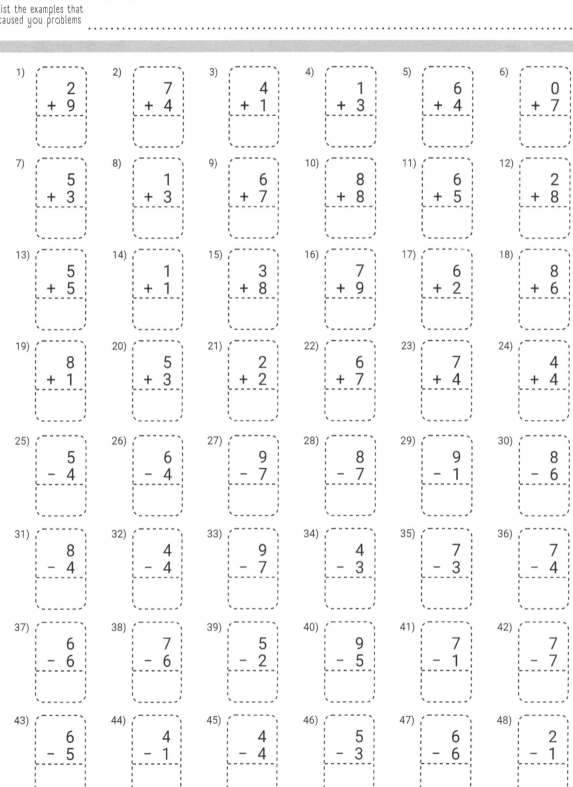

1)
```
   2
 + 9
```

2)
```
   7
 + 4
```

3)
```
   4
 + 1
```

4)
```
   1
 + 3
```

5)
```
   6
 + 4
```

6)
```
   0
 + 7
```

7)
```
   5
 + 3
```

8)
```
   1
 + 3
```

9)
```
   6
 + 7
```

10)
```
   8
 + 8
```

11)
```
   6
 + 5
```

12)
```
   2
 + 8
```

13)
```
   5
 + 5
```

14)
```
   1
 + 1
```

15)
```
   3
 + 8
```

16)
```
   7
 + 9
```

17)
```
   6
 + 2
```

18)
```
   8
 + 6
```

19)
```
   8
 + 1
```

20)
```
   5
 + 3
```

21)
```
   2
 + 2
```

22)
```
   6
 + 7
```

23)
```
   7
 + 4
```

24)
```
   4
 + 4
```

25)
```
   5
 - 4
```

26)
```
   6
 - 4
```

27)
```
   9
 - 7
```

28)
```
   8
 - 7
```

29)
```
   9
 - 1
```

30)
```
   8
 - 6
```

31)
```
   8
 - 4
```

32)
```
   4
 - 4
```

33)
```
   9
 - 7
```

34)
```
   4
 - 3
```

35)
```
   7
 - 3
```

36)
```
   7
 - 4
```

37)
```
   6
 - 6
```

38)
```
   7
 - 6
```

39)
```
   5
 - 2
```

40)
```
   9
 - 5
```

41)
```
   7
 - 1
```

42)
```
   7
 - 7
```

43)
```
   6
 - 5
```

44)
```
   4
 - 1
```

45)
```
   4
 - 4
```

46)
```
   5
 - 3
```

47)
```
   6
 - 6
```

48)
```
   2
 - 1
```

14

DAY 11 - ADDITION AND SUBTRACTION
SINGLE DIGITS

DATE: ....

SCORE: ..../48

<25
>35
>45

TO REPEAT: ....
list the examples that
caused you problems
....

1)
```
  0
+ 3
```

2)
```
  5
+ 5
```

3)
```
  8
+ 5
```

4)
```
  3
+ 3
```

5)
```
  6
+ 3
```

6)
```
  9
+ 3
```

7)
```
  0
+ 8
```

8)
```
  5
+ 4
```

9)
```
  1
+ 3
```

10)
```
  0
+ 7
```

11)
```
  3
+ 2
```

12)
```
  4
+ 1
```

13)
```
  6
+ 8
```

14)
```
  1
+ 9
```

15)
```
  6
+ 1
```

16)
```
  0
+ 6
```

17)
```
  2
+ 7
```

18)
```
  1
+ 7
```

19)
```
  5
+ 6
```

20)
```
  6
+ 6
```

21)
```
  6
+ 5
```

22)
```
  7
+ 7
```

23)
```
  9
+ 2
```

24)
```
  4
+ 6
```

25)
```
  5
- 4
```

26)
```
  9
- 6
```

27)
```
  8
- 8
```

28)
```
  7
- 1
```

29)
```
  7
- 7
```

30)
```
  9
- 3
```

31)
```
  8
- 1
```

32)
```
  9
- 3
```

33)
```
  6
- 4
```

34)
```
  4
- 4
```

35)
```
  3
- 3
```

36)
```
  9
- 6
```

37)
```
  3
- 3
```

38)
```
  9
- 5
```

39)
```
  8
- 1
```

40)
```
  5
- 4
```

41)
```
  8
- 5
```

42)
```
  4
- 2
```

43)
```
  7
- 1
```

44)
```
  7
- 7
```

45)
```
  5
- 2
```

46)
```
  3
- 2
```

47)
```
  7
- 5
```

48)
```
  9
- 1
```

15

DAY 12 - ADDITION AND SUBTRACTION
SINGLE DIGITS

DATE: ....

SCORE: ..../48

<25
>35
>45

TO REPEAT: ....
list the examples that
caused you problems
....

1) 8 + 4

2) 6 + 2

3) 1 + 7

4) 0 + 7

5) 0 + 5

6) 8 + 2

7) 9 + 1

8) 4 + 9

9) 9 + 9

10) 1 + 4

11) 6 + 5

12) 5 + 5

13) 0 + 3

14) 4 + 8

15) 9 + 1

16) 6 + 8

17) 4 + 4

18) 7 + 8

19) 2 + 7

20) 2 + 9

21) 6 + 8

22) 6 + 1

23) 8 + 7

24) 8 + 4

25) 7 - 4

26) 4 - 4

27) 4 - 1

28) 8 - 6

29) 6 - 1

30) 8 - 4

31) 5 - 4

32) 8 - 3

33) 6 - 2

34) 9 - 7

35) 6 - 5

36) 9 - 3

37) 3 - 3

38) 6 - 3

39) 2 - 1

40) 9 - 4

41) 2 - 2

42) 9 - 9

43) 8 - 7

44) 5 - 4

45) 6 - 4

46) 8 - 5

47) 7 - 2

48) 9 - 2

DAY 13 - ADDITION AND SUBTRACTION
SINGLE DIGITS

DATE: ....

SCORE: ..../48

<25
>35
>45

TO REPEAT: ....
list the examples that
caused you problems
....

1)
```
    1
  + 7
```

2)
```
    0
  + 4
```

3)
```
    1
  + 9
```

4)
```
    5
  + 6
```

5)
```
    5
  + 1
```

6)
```
    4
  + 6
```

7)
```
    0
  + 9
```

8)
```
    0
  + 7
```

9)
```
    5
  + 3
```

10)
```
    4
  + 1
```

11)
```
    5
  + 9
```

12)
```
    1
  + 5
```

13)
```
    7
  + 1
```

14)
```
    0
  + 5
```

15)
```
    7
  + 4
```

16)
```
    4
  + 3
```

17)
```
    0
  + 8
```

18)
```
    3
  + 1
```

19)
```
    0
  + 3
```

20)
```
    5
  + 9
```

21)
```
    4
  + 5
```

22)
```
    4
  + 1
```

23)
```
    8
  + 2
```

24)
```
    8
  + 4
```

25)
```
    8
  - 3
```

26)
```
    9
  - 4
```

27)
```
    5
  - 2
```

28)
```
    5
  - 3
```

29)
```
    5
  - 1
```

30)
```
    9
  - 9
```

31)
```
    7
  - 1
```

32)
```
    4
  - 1
```

33)
```
    4
  - 2
```

34)
```
    8
  - 2
```

35)
```
    8
  - 7
```

36)
```
    7
  - 5
```

37)
```
    8
  - 8
```

38)
```
    3
  - 3
```

39)
```
    9
  - 8
```

40)
```
    3
  - 2
```

41)
```
    7
  - 2
```

42)
```
    7
  - 1
```

43)
```
    7
  - 5
```

44)
```
    6
  - 1
```

45)
```
    3
  - 1
```

46)
```
    3
  - 1
```

47)
```
    9
  - 1
```

48)
```
    4
  - 3
```

17

DAY 14 - ADDITION AND SUBTRACTION
SINGLE DIGITS

DATE: ....

SCORE: ..../48

<25
>35
>45

TO REPEAT: ....
list the examples that
caused you problems
....

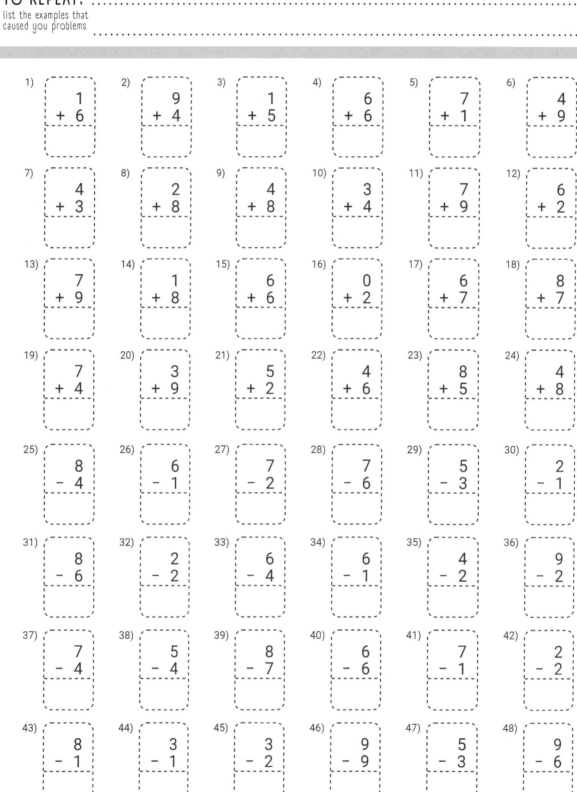

1)
```
   1
 + 6
```

2)
```
   9
 + 4
```

3)
```
   1
 + 5
```

4)
```
   6
 + 6
```

5)
```
   7
 + 1
```

6)
```
   4
 + 9
```

7)
```
   4
 + 3
```

8)
```
   2
 + 8
```

9)
```
   4
 + 8
```

10)
```
   3
 + 4
```

11)
```
   7
 + 9
```

12)
```
   6
 + 2
```

13)
```
   7
 + 9
```

14)
```
   1
 + 8
```

15)
```
   6
 + 6
```

16)
```
   0
 + 2
```

17)
```
   6
 + 7
```

18)
```
   8
 + 7
```

19)
```
   7
 + 4
```

20)
```
   3
 + 9
```

21)
```
   5
 + 2
```

22)
```
   4
 + 6
```

23)
```
   8
 + 5
```

24)
```
   4
 + 8
```

25)
```
   8
 - 4
```

26)
```
   6
 - 1
```

27)
```
   7
 - 2
```

28)
```
   7
 - 6
```

29)
```
   5
 - 3
```

30)
```
   2
 - 1
```

31)
```
   8
 - 6
```

32)
```
   2
 - 2
```

33)
```
   6
 - 4
```

34)
```
   6
 - 1
```

35)
```
   4
 - 2
```

36)
```
   9
 - 2
```

37)
```
   7
 - 4
```

38)
```
   5
 - 4
```

39)
```
   8
 - 7
```

40)
```
   6
 - 6
```

41)
```
   7
 - 1
```

42)
```
   2
 - 2
```

43)
```
   8
 - 1
```

44)
```
   3
 - 1
```

45)
```
   3
 - 2
```

46)
```
   9
 - 9
```

47)
```
   5
 - 3
```

48)
```
   9
 - 6
```

18

DAY 15 - ADDITION AND SUBTRACTION
SINGLE DIGITS

DATE: ....

SCORE: ..../48

<25
>35
>45

TO REPEAT: ....
list the examples that
caused you problems
....

1)
```
  8
+ 1
```

2)
```
  0
+ 5
```

3)
```
  3
+ 8
```

4)
```
  0
+ 8
```

5)
```
  6
+ 4
```

6)
```
  6
+ 7
```

7)
```
  3
+ 9
```

8)
```
  6
+ 5
```

9)
```
  8
+ 2
```

10)
```
  0
+ 2
```

11)
```
  7
+ 8
```

12)
```
  7
+ 3
```

13)
```
  1
+ 2
```

14)
```
  4
+ 9
```

15)
```
  9
+ 8
```

16)
```
  6
+ 6
```

17)
```
  2
+ 9
```

18)
```
  6
+ 8
```

19)
```
  9
+ 5
```

20)
```
  7
+ 3
```

21)
```
  4
+ 2
```

22)
```
  4
+ 5
```

23)
```
  2
+ 3
```

24)
```
  6
+ 4
```

25)
```
  6
- 3
```

26)
```
  5
- 2
```

27)
```
  9
- 6
```

28)
```
  7
- 5
```

29)
```
  5
- 3
```

30)
```
  6
- 6
```

31)
```
  6
- 4
```

32)
```
  8
- 6
```

33)
```
  8
- 5
```

34)
```
  7
- 2
```

35)
```
  2
- 2
```

36)
```
  8
- 2
```

37)
```
  9
- 1
```

38)
```
  5
- 4
```

39)
```
  9
- 2
```

40)
```
  7
- 1
```

41)
```
  5
- 3
```

42)
```
  9
- 2
```

43)
```
  8
- 1
```

44)
```
  5
- 4
```

45)
```
  6
- 6
```

46)
```
  4
- 4
```

47)
```
  4
- 3
```

48)
```
  5
- 2
```

DAY 16 – ADDITION AND SUBTRACTION
SINGLE DIGITS

DATE: ....

SCORE: .... /48

<25

>35

>45

TO REPEAT: ....
list the examples that
caused you problems ....

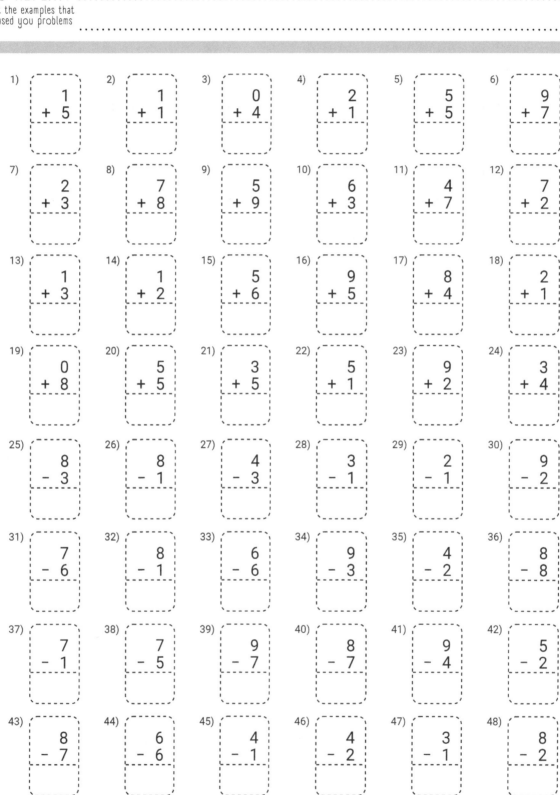

1)
```
  1
+ 5
```

2)
```
  1
+ 1
```

3)
```
  0
+ 4
```

4)
```
  2
+ 1
```

5)
```
  5
+ 5
```

6)
```
  9
+ 7
```

7)
```
  2
+ 3
```

8)
```
  7
+ 8
```

9)
```
  5
+ 9
```

10)
```
  6
+ 3
```

11)
```
  4
+ 7
```

12)
```
  7
+ 2
```

13)
```
  1
+ 3
```

14)
```
  1
+ 2
```

15)
```
  5
+ 6
```

16)
```
  9
+ 5
```

17)
```
  8
+ 4
```

18)
```
  2
+ 1
```

19)
```
  0
+ 8
```

20)
```
  5
+ 5
```

21)
```
  3
+ 5
```

22)
```
  5
+ 1
```

23)
```
  9
+ 2
```

24)
```
  3
+ 4
```

25)
```
  8
- 3
```

26)
```
  8
- 1
```

27)
```
  4
- 3
```

28)
```
  3
- 1
```

29)
```
  2
- 1
```

30)
```
  9
- 2
```

31)
```
  7
- 6
```

32)
```
  8
- 1
```

33)
```
  6
- 6
```

34)
```
  9
- 3
```

35)
```
  4
- 2
```

36)
```
  8
- 8
```

37)
```
  7
- 1
```

38)
```
  7
- 5
```

39)
```
  9
- 7
```

40)
```
  8
- 7
```

41)
```
  9
- 4
```

42)
```
  5
- 2
```

43)
```
  8
- 7
```

44)
```
  6
- 6
```

45)
```
  4
- 1
```

46)
```
  4
- 2
```

47)
```
  3
- 1
```

48)
```
  8
- 2
```

20

DAY 17 - ADDITION AND SUBTRACTION
SINGLE DIGITS

DATE: ....

SCORE: ..../48

TO REPEAT: ....
list the examples that
caused you problems
....

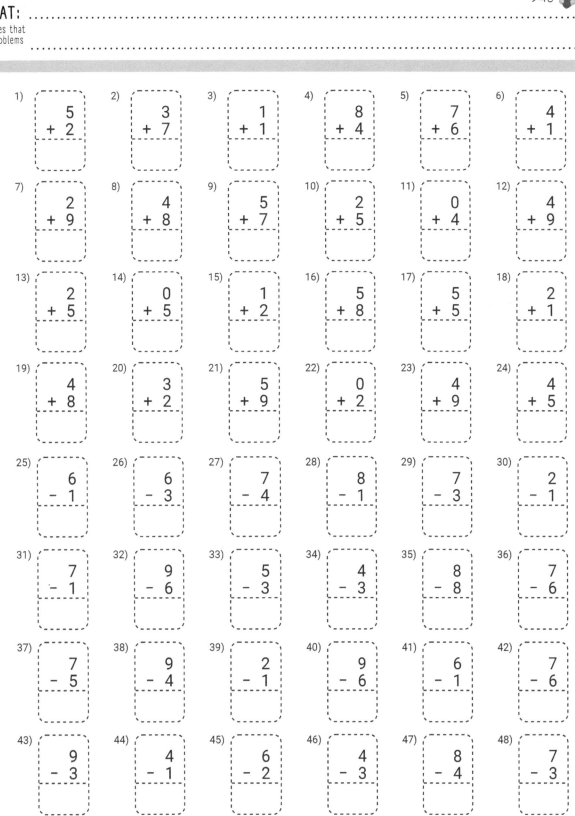

1) 5
   + 2

2) 3
   + 7

3) 1
   + 1

4) 8
   + 4

5) 7
   + 6

6) 4
   + 1

7) 2
   + 9

8) 4
   + 8

9) 5
   + 7

10) 2
    + 5

11) 0
    + 4

12) 4
    + 9

13) 2
    + 5

14) 0
    + 5

15) 1
    + 2

16) 5
    + 8

17) 5
    + 5

18) 2
    + 1

19) 4
    + 8

20) 3
    + 2

21) 5
    + 9

22) 0
    + 2

23) 4
    + 9

24) 4
    + 5

25) 6
    − 1

26) 6
    − 3

27) 7
    − 4

28) 8
    − 1

29) 7
    − 3

30) 2
    − 1

31) 7
    − 1

32) 9
    − 6

33) 5
    − 3

34) 4
    − 3

35) 8
    − 8

36) 7
    − 6

37) 7
    − 5

38) 9
    − 4

39) 2
    − 1

40) 9
    − 6

41) 6
    − 1

42) 7
    − 6

43) 9
    − 3

44) 4
    − 1

45) 6
    − 2

46) 4
    − 3

47) 8
    − 4

48) 7
    − 3

DAY 18 - ADDITION AND SUBTRACTION
SINGLE DIGITS

DATE: ....

SCORE: ..../48

<25

>35

>45

TO REPEAT: ....
list the examples that
caused you problems ....

1)
$$5 + 9$$

2)
$$1 + 9$$

3)
$$1 + 7$$

4)
$$4 + 2$$

5)
$$8 + 3$$

6)
$$0 + 8$$

7)
$$9 + 3$$

8)
$$6 + 6$$

9)
$$1 + 3$$

10)
$$8 + 5$$

11)
$$3 + 5$$

12)
$$2 + 8$$

13)
$$1 + 7$$

14)
$$9 + 5$$

15)
$$6 + 1$$

16)
$$0 + 1$$

17)
$$0 + 6$$

18)
$$1 + 4$$

19)
$$4 + 2$$

20)
$$2 + 3$$

21)
$$9 + 2$$

22)
$$5 + 9$$

23)
$$7 + 7$$

24)
$$1 + 8$$

25)
$$8 - 4$$

26)
$$9 - 2$$

27)
$$9 - 1$$

28)
$$9 - 5$$

29)
$$9 - 8$$

30)
$$3 - 3$$

31)
$$3 - 1$$

32)
$$8 - 7$$

33)
$$4 - 3$$

34)
$$8 - 3$$

35)
$$6 - 6$$

36)
$$5 - 1$$

37)
$$9 - 8$$

38)
$$9 - 1$$

39)
$$8 - 7$$

40)
$$7 - 7$$

41)
$$5 - 3$$

42)
$$8 - 2$$

43)
$$9 - 6$$

44)
$$8 - 5$$

45)
$$9 - 6$$

46)
$$6 - 4$$

47)
$$9 - 8$$

48)
$$8 - 3$$

22

DAY 19 - ADDITION AND SUBTRACTION
SINGLE DIGITS

DATE: ....

SCORE: ..../48

<25
>35
>45

TO REPEAT: ....
list the examples that
caused you problems
....

1)
$$\begin{array}{r} 3 \\ + 5 \\ \hline \end{array}$$

2)
$$\begin{array}{r} 5 \\ + 7 \\ \hline \end{array}$$

3)
$$\begin{array}{r} 6 \\ + 8 \\ \hline \end{array}$$

4)
$$\begin{array}{r} 4 \\ + 6 \\ \hline \end{array}$$

5)
$$\begin{array}{r} 6 \\ + 9 \\ \hline \end{array}$$

6)
$$\begin{array}{r} 6 \\ + 9 \\ \hline \end{array}$$

7)
$$\begin{array}{r} 2 \\ + 7 \\ \hline \end{array}$$

8)
$$\begin{array}{r} 0 \\ + 3 \\ \hline \end{array}$$

9)
$$\begin{array}{r} 8 \\ + 2 \\ \hline \end{array}$$

10)
$$\begin{array}{r} 5 \\ + 9 \\ \hline \end{array}$$

11)
$$\begin{array}{r} 5 \\ + 8 \\ \hline \end{array}$$

12)
$$\begin{array}{r} 6 \\ + 8 \\ \hline \end{array}$$

13)
$$\begin{array}{r} 4 \\ + 7 \\ \hline \end{array}$$

14)
$$\begin{array}{r} 8 \\ + 3 \\ \hline \end{array}$$

15)
$$\begin{array}{r} 4 \\ + 1 \\ \hline \end{array}$$

16)
$$\begin{array}{r} 9 \\ + 1 \\ \hline \end{array}$$

17)
$$\begin{array}{r} 4 \\ + 5 \\ \hline \end{array}$$

18)
$$\begin{array}{r} 9 \\ + 3 \\ \hline \end{array}$$

19)
$$\begin{array}{r} 3 \\ + 9 \\ \hline \end{array}$$

20)
$$\begin{array}{r} 3 \\ + 1 \\ \hline \end{array}$$

21)
$$\begin{array}{r} 6 \\ + 2 \\ \hline \end{array}$$

22)
$$\begin{array}{r} 0 \\ + 3 \\ \hline \end{array}$$

23)
$$\begin{array}{r} 2 \\ + 7 \\ \hline \end{array}$$

24)
$$\begin{array}{r} 5 \\ + 8 \\ \hline \end{array}$$

25)
$$\begin{array}{r} 6 \\ - 3 \\ \hline \end{array}$$

26)
$$\begin{array}{r} 2 \\ - 2 \\ \hline \end{array}$$

27)
$$\begin{array}{r} 6 \\ - 3 \\ \hline \end{array}$$

28)
$$\begin{array}{r} 3 \\ - 3 \\ \hline \end{array}$$

29)
$$\begin{array}{r} 5 \\ - 1 \\ \hline \end{array}$$

30)
$$\begin{array}{r} 5 \\ - 5 \\ \hline \end{array}$$

31)
$$\begin{array}{r} 6 \\ - 4 \\ \hline \end{array}$$

32)
$$\begin{array}{r} 9 \\ - 9 \\ \hline \end{array}$$

33)
$$\begin{array}{r} 5 \\ - 4 \\ \hline \end{array}$$

34)
$$\begin{array}{r} 1 \\ - 1 \\ \hline \end{array}$$

35)
$$\begin{array}{r} 9 \\ - 2 \\ \hline \end{array}$$

36)
$$\begin{array}{r} 8 \\ - 3 \\ \hline \end{array}$$

37)
$$\begin{array}{r} 7 \\ - 1 \\ \hline \end{array}$$

38)
$$\begin{array}{r} 8 \\ - 4 \\ \hline \end{array}$$

39)
$$\begin{array}{r} 5 \\ - 2 \\ \hline \end{array}$$

40)
$$\begin{array}{r} 6 \\ - 2 \\ \hline \end{array}$$

41)
$$\begin{array}{r} 9 \\ - 3 \\ \hline \end{array}$$

42)
$$\begin{array}{r} 6 \\ - 5 \\ \hline \end{array}$$

43)
$$\begin{array}{r} 7 \\ - 6 \\ \hline \end{array}$$

44)
$$\begin{array}{r} 3 \\ - 2 \\ \hline \end{array}$$

45)
$$\begin{array}{r} 2 \\ - 2 \\ \hline \end{array}$$

46)
$$\begin{array}{r} 9 \\ - 6 \\ \hline \end{array}$$

47)
$$\begin{array}{r} 7 \\ - 3 \\ \hline \end{array}$$

48)
$$\begin{array}{r} 4 \\ - 1 \\ \hline \end{array}$$

DAY 20 - ADDITION AND SUBTRACTION
SINGLE DIGITS

DATE: ....

SCORE: ..../48

<25
>35
>45

TO REPEAT: ....
list the examples that
caused you problems ....

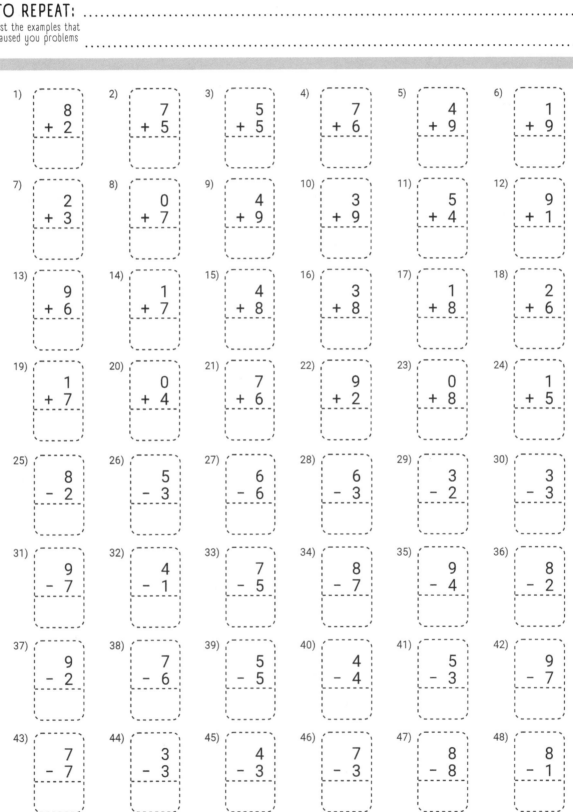

1)
```
  8
+ 2
```

2)
```
  7
+ 5
```

3)
```
  5
+ 5
```

4)
```
  7
+ 6
```

5)
```
  4
+ 9
```

6)
```
  1
+ 9
```

7)
```
  2
+ 3
```

8)
```
  0
+ 7
```

9)
```
  4
+ 9
```

10)
```
  3
+ 9
```

11)
```
  5
+ 4
```

12)
```
  9
+ 1
```

13)
```
  9
+ 6
```

14)
```
  1
+ 7
```

15)
```
  4
+ 8
```

16)
```
  3
+ 8
```

17)
```
  1
+ 8
```

18)
```
  2
+ 6
```

19)
```
  1
+ 7
```

20)
```
  0
+ 4
```

21)
```
  7
+ 6
```

22)
```
  9
+ 2
```

23)
```
  0
+ 8
```

24)
```
  1
+ 5
```

25)
```
  8
- 2
```

26)
```
  5
- 3
```

27)
```
  6
- 6
```

28)
```
  6
- 3
```

29)
```
  3
- 2
```

30)
```
  3
- 3
```

31)
```
  9
- 7
```

32)
```
  4
- 1
```

33)
```
  7
- 5
```

34)
```
  8
- 7
```

35)
```
  9
- 4
```

36)
```
  8
- 2
```

37)
```
  9
- 2
```

38)
```
  7
- 6
```

39)
```
  5
- 5
```

40)
```
  4
- 4
```

41)
```
  5
- 3
```

42)
```
  9
- 7
```

43)
```
  7
- 7
```

44)
```
  3
- 3
```

45)
```
  4
- 3
```

46)
```
  7
- 3
```

47)
```
  8
- 8
```

48)
```
  8
- 1
```

24

DAY 21 - ADDITION AND SUBTRACTION

DIGITS 0-30

DATE: ....

SCORE: ..../48

<25

>35

>45

TO REPEAT: ....

list the examples that
caused you problems

....

1)
$$8 + 10$$

2)
$$13 + 2$$

3)
$$9 + 6$$

4)
$$17 + 2$$

5)
$$18 + 8$$

6)
$$16 + 2$$

7)
$$13 + 1$$

8)
$$3 + 9$$

9)
$$17 + 4$$

10)
$$5 + 1$$

11)
$$11 + 6$$

12)
$$12 + 5$$

13)
$$2 + 9$$

14)
$$6 + 5$$

15)
$$5 + 3$$

16)
$$3 + 5$$

17)
$$0 + 10$$

18)
$$3 + 4$$

19)
$$17 + 5$$

20)
$$4 + 10$$

21)
$$10 + 10$$

22)
$$15 + 10$$

23)
$$1 + 5$$

24)
$$8 + 10$$

25)
$$12 - 1$$

26)
$$29 - 8$$

27)
$$16 - 13$$

28)
$$10 - 8$$

29)
$$18 - 8$$

30)
$$24 - 10$$

31)
$$17 - 5$$

32)
$$20 - 3$$

33)
$$9 - 3$$

34)
$$18 - 4$$

35)
$$8 - 3$$

36)
$$12 - 4$$

37)
$$13 - 7$$

38)
$$6 - 1$$

39)
$$23 - 11$$

40)
$$26 - 17$$

41)
$$16 - 15$$

42)
$$21 - 13$$

43)
$$23 - 8$$

44)
$$23 - 7$$

45)
$$15 - 3$$

46)
$$18 - 12$$

47)
$$21 - 15$$

48)
$$17 - 6$$

DAY 23 - ADDITION AND SUBTRACTION

DATE: .... SCORE: ..../48

<25
>35
>45

TO REPEAT: ....
list the examples that
caused you problems ....

1)
```
    8
+  10
```

2)
```
   17
+   4
```

3)
```
    2
+  10
```

4)
```
    6
+   9
```

5)
```
    8
+   5
```

6)
```
    3
+  10
```

7)
```
   16
+   5
```

8)
```
   14
+   1
```

9)
```
   13
+   4
```

10)
```
   14
+   3
```

11)
```
   12
+   9
```

12)
```
    8
+   6
```

13)
```
   19
+   9
```

14)
```
    7
+   4
```

15)
```
    5
+   2
```

16)
```
    3
+   3
```

17)
```
   17
+   8
```

18)
```
    4
+  10
```

19)
```
    4
+   4
```

20)
```
   14
+  10
```

21)
```
    6
+   8
```

22)
```
   19
+   3
```

23)
```
   11
+   9
```

24)
```
   19
+   3
```

25)
```
   18
-   1
```

26)
```
   25
-  12
```

27)
```
   12
-   3
```

28)
```
   16
-   9
```

29)
```
   29
-   7
```

30)
```
   23
-  11
```

31)
```
   22
-  12
```

32)
```
   13
-   8
```

33)
```
   22
-  11
```

34)
```
   22
-   6
```

35)
```
   16
-   6
```

36)
```
   10
-   6
```

37)
```
   19
-  18
```

38)
```
   30
-  13
```

39)
```
   29
-  18
```

40)
```
   24
-   7
```

41)
```
   29
-  16
```

42)
```
   29
-  19
```

43)
```
   19
-   8
```

44)
```
   26
-  13
```

45)
```
   13
-   3
```

46)
```
   25
-  11
```

47)
```
   30
-  10
```

48)
```
   14
-   4
```

DAY 23 - ADDITION AND SUBTRACTION

DIGITS 0-30

DATE: ....

SCORE: ..../48

<25

>35

>45

TO REPEAT: ....
list the examples that
caused you problems

....

1)
```
    5
+   1
```

2)
```
    4
+  10
```

3)
```
   17
+   2
```

4)
```
   20
+   5
```

5)
```
   11
+   3
```

6)
```
   10
+   7
```

7)
```
   16
+   5
```

8)
```
    3
+  10
```

9)
```
   16
+   7
```

10)
```
    6
+   7
```

11)
```
    2
+   8
```

12)
```
    2
+   9
```

13)
```
   11
+   4
```

14)
```
    4
+   7
```

15)
```
   16
+   1
```

16)
```
   12
+   9
```

17)
```
   16
+   3
```

18)
```
    3
+   3
```

19)
```
    1
+   9
```

20)
```
    0
+   7
```

21)
```
    0
+   2
```

22)
```
    2
+   3
```

23)
```
   13
+   4
```

24)
```
    3
+   9
```

25)
```
   30
-  17
```

26)
```
   27
-  18
```

27)
```
   16
-   5
```

28)
```
    6
-   3
```

29)
```
   24
-   2
```

30)
```
   29
-   1
```

31)
```
   29
-   9
```

32)
```
   16
-  12
```

33)
```
   27
-  13
```

34)
```
   15
-  13
```

35)
```
   16
-   6
```

36)
```
   23
-  10
```

37)
```
   20
-   6
```

38)
```
    9
-   2
```

39)
```
   20
-  17
```

40)
```
   23
-  10
```

41)
```
   25
-  18
```

42)
```
   17
-   5
```

43)
```
   27
-   8
```

44)
```
   17
-   7
```

45)
```
   23
-   2
```

46)
```
   25
-  12
```

47)
```
   21
-  16
```

48)
```
    7
-   2
```

DAY 24 - ADDITION AND SUBTRACTION
DIGITS 0-30

DATE: ....

SCORE: .... /48

<25

>35

>45

TO REPEAT: ....
list the examples that
caused you problems

....

1)
$$20 + 8$$

2)
$$1 + 1$$

3)
$$12 + 6$$

4)
$$7 + 2$$

5)
$$17 + 2$$

6)
$$3 + 3$$

7)
$$15 + 1$$

8)
$$6 + 4$$

9)
$$3 + 4$$

10)
$$4 + 8$$

11)
$$6 + 4$$

12)
$$11 + 10$$

13)
$$10 + 1$$

14)
$$9 + 8$$

15)
$$17 + 9$$

16)
$$15 + 4$$

17)
$$12 + 4$$

18)
$$5 + 6$$

19)
$$16 + 2$$

20)
$$12 + 10$$

21)
$$4 + 9$$

22)
$$1 + 3$$

23)
$$17 + 3$$

24)
$$7 + 9$$

25)
$$9 - 9$$

26)
$$16 - 5$$

27)
$$25 - 15$$

28)
$$25 - 12$$

29)
$$25 - 19$$

30)
$$29 - 11$$

31)
$$16 - 4$$

32)
$$9 - 6$$

33)
$$7 - 4$$

34)
$$13 - 13$$

35)
$$11 - 7$$

36)
$$25 - 6$$

37)
$$25 - 14$$

38)
$$29 - 19$$

39)
$$8 - 3$$

40)
$$12 - 4$$

41)
$$7 - 3$$

42)
$$20 - 6$$

43)
$$28 - 6$$

44)
$$9 - 9$$

45)
$$22 - 18$$

46)
$$6 - 2$$

47)
$$22 - 4$$

48)
$$24 - 19$$

DAY 25 – ADDITION AND SUBTRACTION

DIGITS 0-30

DATE: ....

SCORE: ..../48

<25
>35
>45

TO REPEAT: ....

list the examples that
caused you problems

....

1) $\begin{array}{r} 1 \\ + \ 6 \end{array}$	2) $\begin{array}{r} 12 \\ + \ 1 \end{array}$	3) $\begin{array}{r} 14 \\ + \ 2 \end{array}$	4) $\begin{array}{r} 14 \\ + \ 6 \end{array}$	5) $\begin{array}{r} 3 \\ + \ 7 \end{array}$	6) $\begin{array}{r} 9 \\ + \ 9 \end{array}$
7) $\begin{array}{r} 12 \\ + \ 5 \end{array}$	8) $\begin{array}{r} 15 \\ + \ 6 \end{array}$	9) $\begin{array}{r} 20 \\ + \ 4 \end{array}$	10) $\begin{array}{r} 20 \\ + \ 2 \end{array}$	11) $\begin{array}{r} 19 \\ + \ 7 \end{array}$	12) $\begin{array}{r} 19 \\ + \ 10 \end{array}$
13) $\begin{array}{r} 20 \\ + \ 2 \end{array}$	14) $\begin{array}{r} 0 \\ + \ 1 \end{array}$	15) $\begin{array}{r} 17 \\ + \ 10 \end{array}$	16) $\begin{array}{r} 2 \\ + \ 6 \end{array}$	17) $\begin{array}{r} 7 \\ + \ 7 \end{array}$	18) $\begin{array}{r} 10 \\ + \ 3 \end{array}$
19) $\begin{array}{r} 18 \\ + \ 6 \end{array}$	20) $\begin{array}{r} 5 \\ + \ 4 \end{array}$	21) $\begin{array}{r} 12 \\ + \ 1 \end{array}$	22) $\begin{array}{r} 5 \\ + \ 1 \end{array}$	23) $\begin{array}{r} 16 \\ + \ 5 \end{array}$	24) $\begin{array}{r} 7 \\ + \ 10 \end{array}$
25) $\begin{array}{r} 20 \\ - \ 15 \end{array}$	26) $\begin{array}{r} 25 \\ - \ 9 \end{array}$	27) $\begin{array}{r} 27 \\ - \ 9 \end{array}$	28) $\begin{array}{r} 28 \\ - \ 9 \end{array}$	29) $\begin{array}{r} 27 \\ - \ 15 \end{array}$	30) $\begin{array}{r} 22 \\ - \ 7 \end{array}$
31) $\begin{array}{r} 8 \\ - \ 8 \end{array}$	32) $\begin{array}{r} 19 \\ - \ 14 \end{array}$	33) $\begin{array}{r} 14 \\ - \ 4 \end{array}$	34) $\begin{array}{r} 25 \\ - \ 12 \end{array}$	35) $\begin{array}{r} 19 \\ - \ 5 \end{array}$	36) $\begin{array}{r} 23 \\ - \ 14 \end{array}$
37) $\begin{array}{r} 14 \\ - \ 2 \end{array}$	38) $\begin{array}{r} 4 \\ - \ 4 \end{array}$	39) $\begin{array}{r} 20 \\ - \ 3 \end{array}$	40) $\begin{array}{r} 25 \\ - \ 15 \end{array}$	41) $\begin{array}{r} 17 \\ - \ 4 \end{array}$	42) $\begin{array}{r} 17 \\ - \ 11 \end{array}$
43) $\begin{array}{r} 13 \\ - \ 9 \end{array}$	44) $\begin{array}{r} 21 \\ - \ 6 \end{array}$	45) $\begin{array}{r} 22 \\ - \ 11 \end{array}$	46) $\begin{array}{r} 27 \\ - \ 4 \end{array}$	47) $\begin{array}{r} 30 \\ - \ 18 \end{array}$	48) $\begin{array}{r} 4 \\ - \ 1 \end{array}$

DAY 26 – ADDITION AND SUBTRACTION

DIGITS 0-30

DATE: ....

SCORE: ..../48

<25
>35
>45

TO REPEAT: ....

list the examples that
caused you problems

....

1)
```
  13
+  5
```

2)
```
   3
+  3
```

3)
```
   5
+  3
```

4)
```
   4
+ 10
```

5)
```
  14
+  2
```

6)
```
   2
+  1
```

7)
```
  17
+  2
```

8)
```
   6
+  5
```

9)
```
   3
+  1
```

10)
```
   4
+ 10
```

11)
```
  13
+  1
```

12)
```
  18
+  3
```

13)
```
   2
+  8
```

14)
```
  10
+ 10
```

15)
```
  16
+ 10
```

16)
```
   9
+  1
```

17)
```
   7
+  8
```

18)
```
  10
+  3
```

19)
```
   3
+ 10
```

20)
```
  11
+  1
```

21)
```
   5
+  4
```

22)
```
  11
+  8
```

23)
```
  10
+ 10
```

24)
```
   6
+  2
```

25)
```
  25
- 13
```

26)
```
   7
-  4
```

27)
```
  23
- 20
```

28)
```
   9
-  7
```

29)
```
  30
- 15
```

30)
```
  25
-  3
```

31)
```
  20
-  1
```

32)
```
  22
-  4
```

33)
```
  17
- 11
```

34)
```
  23
- 12
```

35)
```
  19
-  8
```

36)
```
  29
-  7
```

37)
```
  28
- 16
```

38)
```
  28
-  5
```

39)
```
  24
- 13
```

40)
```
  16
- 11
```

41)
```
  15
- 11
```

42)
```
  20
- 20
```

43)
```
  13
- 10
```

44)
```
  19
-  8
```

45)
```
   9
-  6
```

46)
```
  29
-  2
```

47)
```
  28
-  8
```

48)
```
  27
- 10
```

DAY 27 - ADDITION AND SUBTRACTION

DIGITS 0-30

DATE: ....

SCORE: ..../48

<25
>35
>45

TO REPEAT: ....
list the examples that
caused you problems
....

1)
```
   19
+  10
```

2)
```
    0
+   9
```

3)
```
   15
+  10
```

4)
```
   11
+   9
```

5)
```
   19
+   3
```

6)
```
    4
+   2
```

7)
```
   20
+   7
```

8)
```
    9
+   9
```

9)
```
    9
+   7
```

10)
```
   11
+   6
```

11)
```
   18
+   3
```

12)
```
    1
+   9
```

13)
```
   15
+   1
```

14)
```
    7
+   2
```

15)
```
   11
+  10
```

16)
```
    4
+  10
```

17)
```
   11
+   1
```

18)
```
   15
+   5
```

19)
```
   11
+   9
```

20)
```
   16
+   4
```

21)
```
   17
+   1
```

22)
```
    5
+   4
```

23)
```
   14
+   7
```

24)
```
    5
+   1
```

25)
```
    2
-   2
```

26)
```
   27
-  15
```

27)
```
   30
-  13
```

28)
```
   27
-  14
```

29)
```
   24
-   5
```

30)
```
   28
-   9
```

31)
```
   25
-  17
```

32)
```
   20
-  16
```

33)
```
    8
-   2
```

34)
```
   25
-  13
```

35)
```
   29
-   7
```

36)
```
   28
-   8
```

37)
```
   29
-   9
```

38)
```
   23
-  16
```

39)
```
   29
-   6
```

40)
```
   21
-  19
```

41)
```
    2
-   1
```

42)
```
   24
-   2
```

43)
```
   30
-   3
```

44)
```
   13
-   1
```

45)
```
   20
-   3
```

46)
```
   21
-   2
```

47)
```
   28
-   2
```

48)
```
   28
-  19
```

DAY 28 – ADDITION AND SUBTRACTION

DIGITS 0-30

DATE: ....   SCORE: ..../48

<25

>35

>45

TO REPEAT: ....

list the examples that
caused you problems

....

1)
```
  12
+  3
```

2)
```
  16
+  4
```

3)
```
  12
+  2
```

4)
```
  15
+  6
```

5)
```
   8
+  7
```

6)
```
   5
+ 10
```

7)
```
  11
+  3
```

8)
```
  20
+  4
```

9)
```
  19
+  5
```

10)
```
  14
+  2
```

11)
```
  10
+  3
```

12)
```
   1
+  3
```

13)
```
   8
+  1
```

14)
```
  10
+  7
```

15)
```
  12
+  9
```

16)
```
  20
+ 10
```

17)
```
  14
+  9
```

18)
```
  16
+  4
```

19)
```
   7
+  9
```

20)
```
   0
+  2
```

21)
```
  20
+  5
```

22)
```
   6
+  9
```

23)
```
  16
+  8
```

24)
```
  20
+  4
```

25)
```
  22
-  2
```

26)
```
  13
-  2
```

27)
```
  24
- 10
```

28)
```
  21
-  1
```

29)
```
  21
-  2
```

30)
```
  22
- 12
```

31)
```
  26
- 12
```

32)
```
  30
-  2
```

33)
```
  23
-  6
```

34)
```
  17
-  7
```

35)
```
  20
- 19
```

36)
```
  21
- 10
```

37)
```
  17
-  7
```

38)
```
  17
- 17
```

39)
```
  16
-  5
```

40)
```
  24
-  5
```

41)
```
   2
-  2
```

42)
```
  15
- 11
```

43)
```
  20
-  8
```

44)
```
  23
- 15
```

45)
```
  16
- 16
```

46)
```
   9
-  2
```

47)
```
   9
-  8
```

48)
```
  11
-  2
```

DAY 29 - ADDITION AND SUBTRACTION

DIGITS 0-30

DATE: ....

SCORE: ..../48

<25
>35
>45

TO REPEAT: ....
list the examples that
caused you problems ....

1)
```
    5
+   8
```

2)
```
   20
+   3
```

3)
```
   18
+   2
```

4)
```
   19
+   3
```

5)
```
   18
+   7
```

6)
```
    2
+   5
```

7)
```
    9
+   5
```

8)
```
   16
+   8
```

9)
```
    6
+   6
```

10)
```
    6
+   6
```

11)
```
    2
+   8
```

12)
```
   16
+   8
```

13)
```
    4
+  10
```

14)
```
    1
+   4
```

15)
```
   12
+   7
```

16)
```
    1
+   5
```

17)
```
   11
+   3
```

18)
```
   17
+   4
```

19)
```
   17
+   6
```

20)
```
    4
+   1
```

21)
```
   11
+   4
```

22)
```
   17
+   6
```

23)
```
   17
+   3
```

24)
```
   20
+   9
```

25)
```
   28
-  14
```

26)
```
    5
-   5
```

27)
```
   23
-  14
```

28)
```
   16
-   7
```

29)
```
   20
-  12
```

30)
```
   30
-  15
```

31)
```
    9
-   1
```

32)
```
   16
-   3
```

33)
```
    6
-   3
```

34)
```
   29
-   7
```

35)
```
   27
-  11
```

36)
```
   18
-  17
```

37)
```
   18
-  16
```

38)
```
   17
-   5
```

39)
```
   30
-   7
```

40)
```
    7
-   2
```

41)
```
   11
-  11
```

42)
```
   25
-  17
```

43)
```
   20
-  18
```

44)
```
   11
-   6
```

45)
```
   19
-   2
```

46)
```
   28
-   5
```

47)
```
    8
-   4
```

48)
```
   30
-  12
```

DAY 30 - ADDITION AND SUBTRACTION
DIGITS 0-30

DATE: ....

SCORE: ....</48

<25

>35

>45

TO REPEAT: ....

list the examples that
caused you problems

....

1)
```
   11
+   4
```

2)
```
    3
+   6
```

3)
```
   13
+   6
```

4)
```
    4
+   6
```

5)
```
   19
+   9
```

6)
```
   13
+   6
```

7)
```
   12
+  10
```

8)
```
   11
+   9
```

9)
```
   10
+   8
```

10)
```
    3
+   4
```

11)
```
   15
+   6
```

12)
```
   20
+  10
```

13)
```
    1
+   3
```

14)
```
    3
+   8
```

15)
```
   13
+   1
```

16)
```
    6
+   2
```

17)
```
   14
+   9
```

18)
```
    5
+   2
```

19)
```
   11
+   8
```

20)
```
   16
+   2
```

21)
```
   18
+   1
```

22)
```
    5
+   6
```

23)
```
    2
+   9
```

24)
```
    2
+   4
```

25)
```
   24
-   6
```

26)
```
   25
-  13
```

27)
```
   13
-   4
```

28)
```
   30
-  18
```

29)
```
   10
-   9
```

30)
```
   13
-   3
```

31)
```
   28
-  10
```

32)
```
   11
-   9
```

33)
```
   18
-   8
```

34)
```
   30
-  17
```

35)
```
   26
-   6
```

36)
```
    5
-   5
```

37)
```
   15
-   2
```

38)
```
   17
-  13
```

39)
```
   23
-  11
```

40)
```
   28
-  20
```

41)
```
   30
-   1
```

42)
```
   27
-  12
```

43)
```
    5
-   5
```

44)
```
   11
-   8
```

45)
```
   28
-  18
```

46)
```
   13
-  13
```

47)
```
   10
-   3
```

48)
```
   30
-   3
```

DAY 31 - ADDITION AND SUBTRACTION

DIGITS 0-30

DATE: ....

SCORE: ..../48

<25

>35

>45

TO REPEAT: ....
list the examples that
caused you problems
....

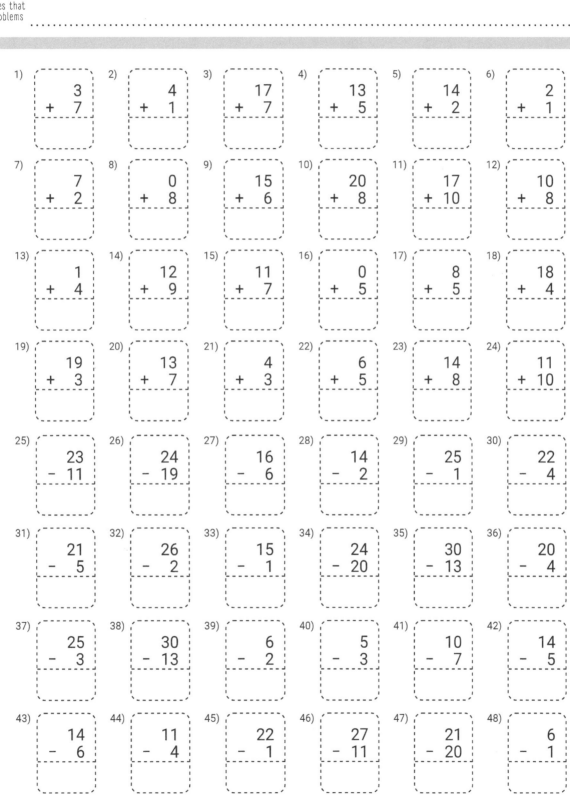

1)
```
    3
+   7
```

2)
```
    4
+   1
```

3)
```
   17
+   7
```

4)
```
   13
+   5
```

5)
```
   14
+   2
```

6)
```
    2
+   1
```

7)
```
    7
+   2
```

8)
```
    0
+   8
```

9)
```
   15
+   6
```

10)
```
   20
+   8
```

11)
```
   17
+  10
```

12)
```
   10
+   8
```

13)
```
    1
+   4
```

14)
```
   12
+   9
```

15)
```
   11
+   7
```

16)
```
    0
+   5
```

17)
```
    8
+   5
```

18)
```
   18
+   4
```

19)
```
   19
+   3
```

20)
```
   13
+   7
```

21)
```
    4
+   3
```

22)
```
    6
+   5
```

23)
```
   14
+   8
```

24)
```
   11
+  10
```

25)
```
   23
-  11
```

26)
```
   24
-  19
```

27)
```
   16
-   6
```

28)
```
   14
-   2
```

29)
```
   25
-   1
```

30)
```
   22
-   4
```

31)
```
   21
-   5
```

32)
```
   26
-   2
```

33)
```
   15
-   1
```

34)
```
   24
-  20
```

35)
```
   30
-  13
```

36)
```
   20
-   4
```

37)
```
   25
-   3
```

38)
```
   30
-  13
```

39)
```
    6
-   2
```

40)
```
    5
-   3
```

41)
```
   10
-   7
```

42)
```
   14
-   5
```

43)
```
   14
-   6
```

44)
```
   11
-   4
```

45)
```
   22
-   1
```

46)
```
   27
-  11
```

47)
```
   21
-  20
```

48)
```
    6
-   1
```

35

DAY 32 - ADDITION AND SUBTRACTION
DIGITS 0-30

DATE: .... SCORE: ..../48

TO REPEAT: ....
list the examples that
caused you problems
....

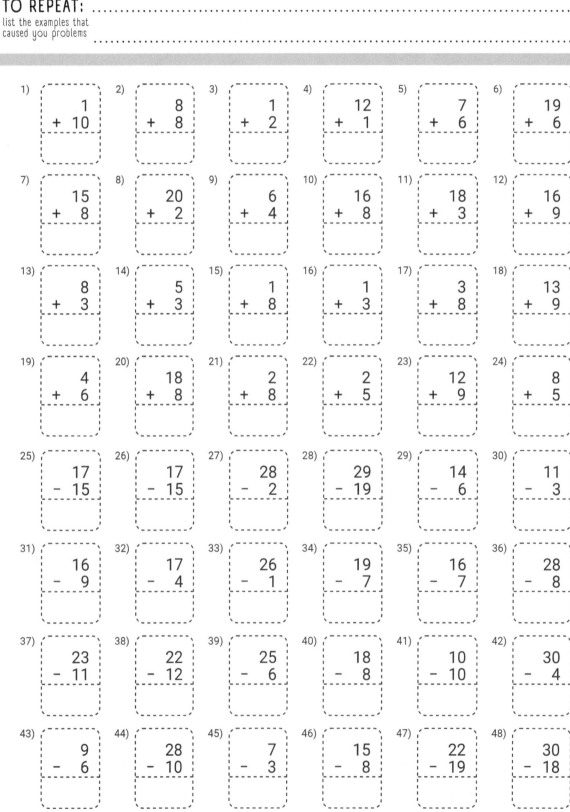

1)   1
   + 10

2)   8
   + 8

3)   1
   + 2

4) 12
   + 1

5)   7
   + 6

6) 19
   + 6

7) 15
   + 8

8) 20
   + 2

9)   6
   + 4

10) 16
   + 8

11) 18
   + 3

12) 16
   + 9

13) 8
   + 3

14) 5
   + 3

15) 1
   + 8

16) 1
   + 3

17) 3
   + 8

18) 13
   + 9

19) 4
   + 6

20) 18
   + 8

21) 2
   + 8

22) 2
   + 5

23) 12
   + 9

24) 8
   + 5

25) 17
   - 15

26) 17
   - 15

27) 28
   - 2

28) 29
   - 19

29) 14
   - 6

30) 11
   - 3

31) 16
   - 9

32) 17
   - 4

33) 26
   - 1

34) 19
   - 7

35) 16
   - 7

36) 28
   - 8

37) 23
   - 11

38) 22
   - 12

39) 25
   - 6

40) 18
   - 8

41) 10
   - 10

42) 30
   - 4

43) 9
   - 6

44) 28
   - 10

45) 7
   - 3

46) 15
   - 8

47) 22
   - 19

48) 30
   - 18

DAY 33 - ADDITION AND SUBTRACTION

DIGITS 0-30

DATE: ....

SCORE: ..../48

<25

>35

>45

TO REPEAT: ....
list the examples that
caused you problems

1)
```
    1
+   9
```

2)
```
   10
+   1
```

3)
```
   14
+   3
```

4)
```
   14
+   5
```

5)
```
   18
+   3
```

6)
```
   18
+   6
```

7)
```
   14
+   7
```

8)
```
   12
+   1
```

9)
```
    6
+   5
```

10)
```
   19
+   7
```

11)
```
   19
+   2
```

12)
```
   16
+   4
```

13)
```
    4
+   9
```

14)
```
    4
+   7
```

15)
```
    8
+   4
```

16)
```
    5
+   2
```

17)
```
    4
+  10
```

18)
```
   14
+   4
```

19)
```
   11
+   7
```

20)
```
    5
+   5
```

21)
```
   16
+   8
```

22)
```
   13
+   1
```

23)
```
    9
+   9
```

24)
```
   16
+   6
```

25)
```
   21
-  11
```

26)
```
    8
-   4
```

27)
```
   27
-   1
```

28)
```
   25
-  10
```

29)
```
   15
-   7
```

30)
```
   19
-   7
```

31)
```
   23
-   2
```

32)
```
   14
-   3
```

33)
```
   30
-  13
```

34)
```
   29
-   4
```

35)
```
   29
-   1
```

36)
```
   30
-  16
```

37)
```
    7
-   3
```

38)
```
   12
-   2
```

39)
```
   19
-  11
```

40)
```
   25
-  10
```

41)
```
   29
-   2
```

42)
```
   24
-  16
```

43)
```
   24
-  20
```

44)
```
   17
-  14
```

45)
```
    7
-   1
```

46)
```
   24
-  16
```

47)
```
   30
-  18
```

48)
```
   12
-   7
```

DAY 34 - ADDITION AND SUBTRACTION

DIGITS 0-30

DATE: ....

SCORE: ..../48

<25

>35

>45

TO REPEAT: ....

list the examples that
caused you problems

....

1)
```
   20
+   5
```

2)
```
    0
+   3
```

3)
```
   14
+   3
```

4)
```
   11
+   7
```

5)
```
   14
+   9
```

6)
```
   15
+   1
```

7)
```
   10
+   1
```

8)
```
    2
+   3
```

9)
```
    0
+  10
```

10)
```
   13
+   9
```

11)
```
   13
+   7
```

12)
```
   10
+   5
```

13)
```
   14
+   3
```

14)
```
   17
+   3
```

15)
```
   14
+   4
```

16)
```
    0
+  10
```

17)
```
    6
+   2
```

18)
```
   16
+   2
```

19)
```
    7
+  10
```

20)
```
   20
+   4
```

21)
```
    6
+  10
```

22)
```
    2
+  10
```

23)
```
   18
+   2
```

24)
```
   15
+   1
```

25)
```
    7
-   2
```

26)
```
   14
-  10
```

27)
```
   22
-  20
```

28)
```
   11
-   1
```

29)
```
   30
-  16
```

30)
```
   19
-   1
```

31)
```
    6
-   4
```

32)
```
   29
-  18
```

33)
```
   27
-   8
```

34)
```
   22
-   5
```

35)
```
   21
-  14
```

36)
```
   24
-   4
```

37)
```
   28
-   8
```

38)
```
   23
-  12
```

39)
```
   12
-   9
```

40)
```
    9
-   8
```

41)
```
   14
-   9
```

42)
```
   15
-   8
```

43)
```
   24
-   3
```

44)
```
   30
-  12
```

45)
```
   18
-  18
```

46)
```
   23
-  10
```

47)
```
   14
-  12
```

48)
```
   15
-  11
```

DAY 35 - ADDITION AND SUBTRACTION

DIGITS 0-30

DATE: ....

SCORE: ..../48

<25

>35

>45

TO REPEAT: ....

list the examples that
caused you problems

....

1)
```
   19
+  10
```

2)
```
    2
+   4
```

3)
```
   18
+   1
```

4)
```
   19
+  10
```

5)
```
   12
+   2
```

6)
```
   11
+   2
```

7)
```
    1
+   6
```

8)
```
   18
+   6
```

9)
```
   16
+   1
```

10)
```
    0
+   5
```

11)
```
    8
+   7
```

12)
```
   19
+   6
```

13)
```
   13
+   6
```

14)
```
   17
+   4
```

15)
```
   19
+   3
```

16)
```
   20
+   7
```

17)
```
    6
+   2
```

18)
```
   17
+   8
```

19)
```
    2
+   3
```

20)
```
    7
+   8
```

21)
```
    7
+   9
```

22)
```
    9
+   9
```

23)
```
   11
+   1
```

24)
```
    4
+   1
```

25)
```
   23
-  12
```

26)
```
   22
-  13
```

27)
```
    6
-   6
```

28)
```
   19
-   6
```

29)
```
   27
-  14
```

30)
```
   19
-   3
```

31)
```
   27
-  13
```

32)
```
    8
-   6
```

33)
```
   16
-   7
```

34)
```
   14
-   9
```

35)
```
   16
-   3
```

36)
```
    2
-   2
```

37)
```
   19
-  16
```

38)
```
   21
-   2
```

39)
```
   24
-   2
```

40)
```
   21
-  13
```

41)
```
   23
-  19
```

42)
```
   21
-   9
```

43)
```
   17
-   8
```

44)
```
    5
-   2
```

45)
```
   19
-   5
```

46)
```
   28
-  10
```

47)
```
    9
-   9
```

48)
```
   23
-  12
```

DATE: ....   SCORE: ..../48

<25

>35

>45

TO REPEAT: ....
list the examples that
caused you problems   ....

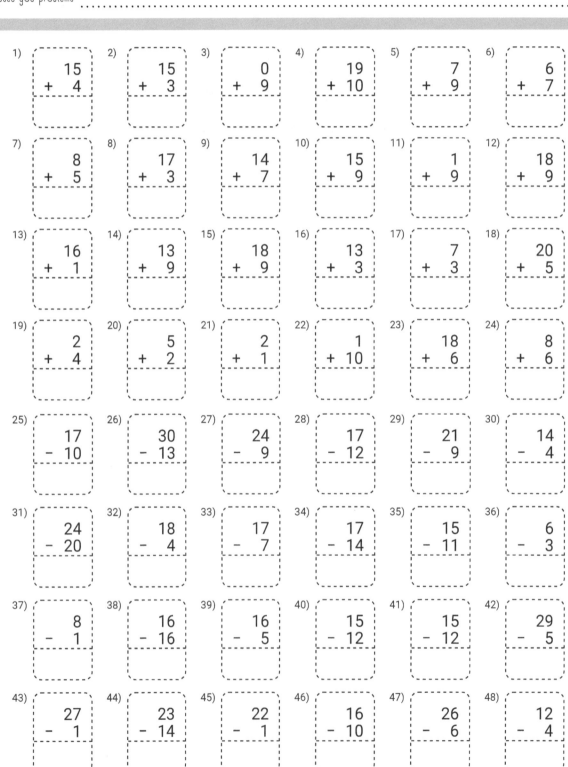

1)
```
   15
+   4
```

2)
```
   15
+   3
```

3)
```
    0
+   9
```

4)
```
   19
+  10
```

5)
```
    7
+   9
```

6)
```
    6
+   7
```

7)
```
    8
+   5
```

8)
```
   17
+   3
```

9)
```
   14
+   7
```

10)
```
   15
+   9
```

11)
```
    1
+   9
```

12)
```
   18
+   9
```

13)
```
   16
+   1
```

14)
```
   13
+   9
```

15)
```
   18
+   9
```

16)
```
   13
+   3
```

17)
```
    7
+   3
```

18)
```
   20
+   5
```

19)
```
    2
+   4
```

20)
```
    5
+   2
```

21)
```
    2
+   1
```

22)
```
    1
+  10
```

23)
```
   18
+   6
```

24)
```
    8
+   6
```

25)
```
   17
-  10
```

26)
```
   30
-  13
```

27)
```
   24
-   9
```

28)
```
   17
-  12
```

29)
```
   21
-   9
```

30)
```
   14
-   4
```

31)
```
   24
-  20
```

32)
```
   18
-   4
```

33)
```
   17
-   7
```

34)
```
   17
-  14
```

35)
```
   15
-  11
```

36)
```
    6
-   3
```

37)
```
    8
-   1
```

38)
```
   16
-  16
```

39)
```
   16
-   5
```

40)
```
   15
-  12
```

41)
```
   15
-  12
```

42)
```
   29
-   5
```

43)
```
   27
-   1
```

44)
```
   23
-  14
```

45)
```
   22
-   1
```

46)
```
   16
-  10
```

47)
```
   26
-   6
```

48)
```
   12
-   4
```

DAY 37 - ADDITION AND SUBTRACTION
DIGITS 0-30

DATE: ....

SCORE: ..../48

<25
>35
>45

TO REPEAT: ....
list the examples that
caused you problems ....

1)
```
   17
 +  6
```

2)
```
    8
 +  7
```

3)
```
    3
 +  7
```

4)
```
   19
 +  6
```

5)
```
   14
 +  3
```

6)
```
   12
 +  3
```

7)
```
   20
 + 10
```

8)
```
   11
 +  4
```

9)
```
   13
 +  4
```

10)
```
    6
 +  4
```

11)
```
    3
 +  3
```

12)
```
    6
 +  5
```

13)
```
    0
 +  6
```

14)
```
   19
 +  7
```

15)
```
   17
 +  1
```

16)
```
   17
 + 10
```

17)
```
    1
 +  6
```

18)
```
   14
 +  2
```

19)
```
    4
 +  4
```

20)
```
   11
 +  8
```

21)
```
   20
 +  8
```

22)
```
    9
 +  6
```

23)
```
    9
 +  3
```

24)
```
   20
 + 10
```

25)
```
   25
 -  8
```

26)
```
    9
 -  9
```

27)
```
   17
 - 10
```

28)
```
   29
 -  5
```

29)
```
   21
 - 16
```

30)
```
   30
 - 14
```

31)
```
   25
 -  8
```

32)
```
   27
 -  1
```

33)
```
   14
 -  6
```

34)
```
    8
 -  7
```

35)
```
   19
 -  8
```

36)
```
    8
 -  3
```

37)
```
   25
 - 16
```

38)
```
   20
 -  9
```

39)
```
   12
 -  4
```

40)
```
   21
 -  3
```

41)
```
   10
 -  4
```

42)
```
   16
 -  2
```

43)
```
    7
 -  5
```

44)
```
   30
 - 11
```

45)
```
    6
 -  4
```

46)
```
    9
 -  6
```

47)
```
   13
 -  4
```

48)
```
   20
 - 18
```

DAY 38 - ADDITION AND SUBTRACTION

DATE: ....

SCORE: ..../48

<25

>35

>45

TO REPEAT: ....

list the examples that
caused you problems ....

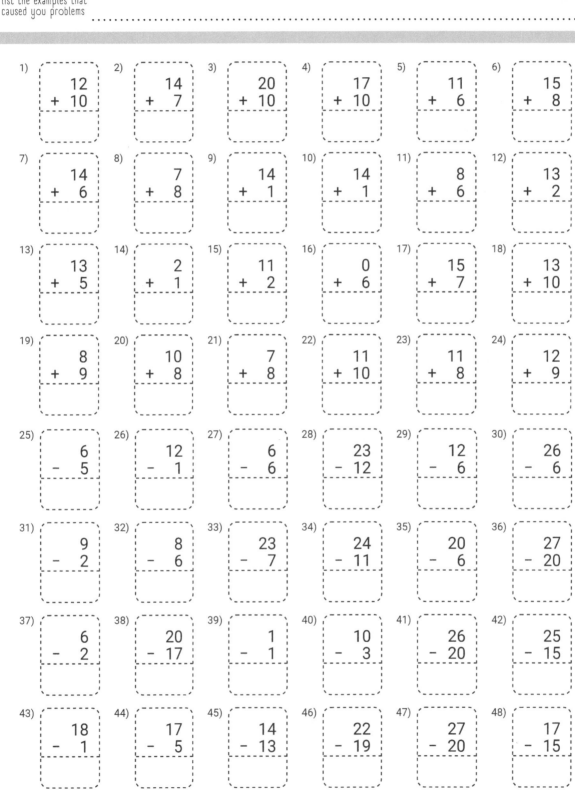

1)
```
  12
+ 10
```

2)
```
  14
+  7
```

3)
```
  20
+ 10
```

4)
```
  17
+ 10
```

5)
```
  11
+  6
```

6)
```
  15
+  8
```

7)
```
  14
+  6
```

8)
```
   7
+  8
```

9)
```
  14
+  1
```

10)
```
  14
+  1
```

11)
```
   8
+  6
```

12)
```
  13
+  2
```

13)
```
  13
+  5
```

14)
```
   2
+  1
```

15)
```
  11
+  2
```

16)
```
   0
+  6
```

17)
```
  15
+  7
```

18)
```
  13
+ 10
```

19)
```
   8
+  9
```

20)
```
  10
+  8
```

21)
```
   7
+  8
```

22)
```
  11
+ 10
```

23)
```
  11
+  8
```

24)
```
  12
+  9
```

25)
```
   6
-  5
```

26)
```
  12
-  1
```

27)
```
   6
-  6
```

28)
```
  23
- 12
```

29)
```
  12
-  6
```

30)
```
  26
-  6
```

31)
```
   9
-  2
```

32)
```
   8
-  6
```

33)
```
  23
-  7
```

34)
```
  24
- 11
```

35)
```
  20
-  6
```

36)
```
  27
- 20
```

37)
```
   6
-  2
```

38)
```
  20
- 17
```

39)
```
   1
-  1
```

40)
```
  10
-  3
```

41)
```
  26
- 20
```

42)
```
  25
- 15
```

43)
```
  18
-  1
```

44)
```
  17
-  5
```

45)
```
  14
- 13
```

46)
```
  22
- 19
```

47)
```
  27
- 20
```

48)
```
  17
- 15
```

DAY 39 – ADDITION AND SUBTRACTION

DIGITS 0-30

DATE: ....

SCORE: ..../48

TO REPEAT: ....
list the examples that
caused you problems
....

1)
```
    8
+   2
```

2)
```
   11
+   2
```

3)
```
    5
+   5
```

4)
```
   19
+   4
```

5)
```
    7
+   8
```

6)
```
   16
+   9
```

7)
```
    4
+   2
```

8)
```
   16
+   3
```

9)
```
    0
+   6
```

10)
```
    7
+   1
```

11)
```
    4
+   7
```

12)
```
   18
+   8
```

13)
```
   19
+   5
```

14)
```
   16
+   5
```

15)
```
   10
+   2
```

16)
```
    5
+   7
```

17)
```
    4
+   4
```

18)
```
    6
+   7
```

19)
```
   18
+   8
```

20)
```
   18
+   2
```

21)
```
   15
+   6
```

22)
```
    5
+   3
```

23)
```
   11
+   8
```

24)
```
    8
+   9
```

25)
```
    6
-   5
```

26)
```
   12
-  12
```

27)
```
   22
-  16
```

28)
```
   30
-   8
```

29)
```
   28
-  13
```

30)
```
   30
-  11
```

31)
```
   27
-  14
```

32)
```
   11
-  11
```

33)
```
   18
-   2
```

34)
```
   19
-   9
```

35)
```
   24
-  20
```

36)
```
   24
-  19
```

37)
```
   17
-   5
```

38)
```
   19
-  12
```

39)
```
   27
-   5
```

40)
```
   24
-   5
```

41)
```
   27
-   6
```

42)
```
   12
-   9
```

43)
```
   13
-  10
```

44)
```
   23
-  20
```

45)
```
   26
-   7
```

46)
```
   13
-   8
```

47)
```
   26
-  18
```

48)
```
   19
-  10
```

DAY 40 - ADDITION AND SUBTRACTION
DIGITS 0-30

<25

>35

>45

DATE: ....

SCORE: ..../48

TO REPEAT: ....
list the examples that
caused you problems
....

1)
```
   10
+   2
```

2)
```
    5
+   7
```

3)
```
   11
+   3
```

4)
```
    1
+   5
```

5)
```
    6
+   3
```

6)
```
    8
+   5
```

7)
```
    2
+   7
```

8)
```
    5
+   5
```

9)
```
    7
+   8
```

10)
```
    1
+   7
```

11)
```
    1
+  10
```

12)
```
    0
+   9
```

13)
```
    7
+   8
```

14)
```
   12
+   5
```

15)
```
   11
+   6
```

16)
```
    4
+   4
```

17)
```
   11
+   7
```

18)
```
    5
+   9
```

19)
```
   16
+   7
```

20)
```
   11
+   6
```

21)
```
   14
+   4
```

22)
```
    0
+  10
```

23)
```
    8
+   9
```

24)
```
    6
+   7
```

25)
```
   24
-  17
```

26)
```
   26
-  16
```

27)
```
    9
-   1
```

28)
```
   30
-  16
```

29)
```
   19
-   1
```

30)
```
   16
-  14
```

31)
```
   15
-   9
```

32)
```
   16
-   4
```

33)
```
   25
-  10
```

34)
```
   11
-   7
```

35)
```
   16
-   7
```

36)
```
   24
-  11
```

37)
```
    3
-   2
```

38)
```
   27
-  13
```

39)
```
   13
-   7
```

40)
```
    6
-   4
```

41)
```
   19
-   2
```

42)
```
   24
-   7
```

43)
```
   18
-  13
```

44)
```
   19
-   7
```

45)
```
   10
-   7
```

46)
```
   27
-   2
```

47)
```
   16
-   9
```

48)
```
   18
-  17
```

DAY 41 - ADDITION AND SUBTRACTION
DOUBLE DIGITS

DATE: ....

SCORE: ..../48

<25

>35

>45

TO REPEAT: ....
list the examples that
caused you problems
....

1)
```
   39
+  85
```

2)
```
   16
+  93
```

3)
```
   70
+  75
```

4)
```
   44
+  11
```

5)
```
   76
+  70
```

6)
```
   74
+  52
```

7)
```
   94
+  90
```

8)
```
   60
+  15
```

9)
```
   52
+  38
```

10)
```
   81
+  79
```

11)
```
   57
+  60
```

12)
```
   73
+  85
```

13)
```
   55
+  17
```

14)
```
   21
+  53
```

15)
```
   74
+  87
```

16)
```
   37
+  71
```

17)
```
   74
+  22
```

18)
```
   77
+  14
```

19)
```
   74
+  88
```

20)
```
   38
+  19
```

21)
```
   76
+  79
```

22)
```
   78
+  33
```

23)
```
   85
+  35
```

24)
```
   75
+  91
```

25)
```
   82
-  19
```

26)
```
   90
-  50
```

27)
```
   64
-  17
```

28)
```
   82
-  69
```

29)
```
   75
-  60
```

30)
```
   89
-  42
```

31)
```
   63
-  15
```

32)
```
   23
-  16
```

33)
```
   61
-  33
```

34)
```
   84
-  22
```

35)
```
   81
-  28
```

36)
```
   97
-  27
```

37)
```
   72
-  13
```

38)
```
   35
-  33
```

39)
```
   28
-  19
```

40)
```
   60
-  17
```

41)
```
   83
-  28
```

42)
```
   80
-  23
```

43)
```
   80
-  42
```

44)
```
   76
-  55
```

45)
```
   90
-  15
```

46)
```
   98
-  35
```

47)
```
   52
-  11
```

48)
```
   47
-  18
```

45

DAY 42 - ADDITION AND SUBTRACTION
DOUBLE DIGITS

DATE: ....

SCORE: ..../48

<25

>35

>45

TO REPEAT: ....
list the examples that
caused you problems
....

1)
```
   32
+  74
```

2)
```
   55
+  40
```

3)
```
   51
+  27
```

4)
```
   37
+  95
```

5)
```
   74
+  74
```

6)
```
   51
+  54
```

7)
```
   19
+  23
```

8)
```
   58
+  20
```

9)
```
   99
+  39
```

10)
```
   12
+  17
```

11)
```
   86
+  25
```

12)
```
   33
+  47
```

13)
```
   64
+  79
```

14)
```
   70
+  27
```

15)
```
   52
+  90
```

16)
```
   70
+  59
```

17)
```
   38
+  73
```

18)
```
   58
+  74
```

19)
```
   95
+  32
```

20)
```
   89
+  33
```

21)
```
   70
+  10
```

22)
```
   69
+  65
```

23)
```
   97
+  29
```

24)
```
   44
+  63
```

25)
```
   67
-  33
```

26)
```
   57
-  28
```

27)
```
   91
-  42
```

28)
```
   97
-  63
```

29)
```
   99
-  78
```

30)
```
   95
-  68
```

31)
```
   99
-  68
```

32)
```
   55
-  12
```

33)
```
   86
-  32
```

34)
```
   94
-  70
```

35)
```
   48
-  28
```

36)
```
   77
-  35
```

37)
```
   80
-  32
```

38)
```
   88
-  61
```

39)
```
   50
-  24
```

40)
```
   97
-  92
```

41)
```
   70
-  41
```

42)
```
   99
-  53
```

43)
```
   98
-  26
```

44)
```
   88
-  68
```

45)
```
   53
-  40
```

46)
```
   74
-  68
```

47)
```
   89
-  39
```

48)
```
   83
-  42
```

DAY 43 - ADDITION AND SUBTRACTION
DOUBLE DIGITS

DATE: ....

SCORE: ..../48

<25

>35

>45

TO REPEAT: ....

list the examples that
caused you problems

....

1)
```
   60
+  44
```

2)
```
   99
+  64
```

3)
```
   10
+  80
```

4)
```
   65
+  64
```

5)
```
   48
+  32
```

6)
```
   94
+  50
```

7)
```
   58
+  19
```

8)
```
   11
+  56
```

9)
```
   83
+  12
```

10)
```
   81
+  69
```

11)
```
   44
+  44
```

12)
```
   36
+  52
```

13)
```
   15
+  32
```

14)
```
   93
+  70
```

15)
```
   53
+  62
```

16)
```
   87
+  44
```

17)
```
   75
+  21
```

18)
```
   50
+  66
```

19)
```
   35
+  51
```

20)
```
   68
+  63
```

21)
```
   33
+  61
```

22)
```
   50
+  99
```

23)
```
   41
+  10
```

24)
```
   94
+  43
```

25)
```
   61
-  18
```

26)
```
   87
-  59
```

27)
```
   75
-  66
```

28)
```
   45
-  44
```

29)
```
   12
-  10
```

30)
```
   60
-  37
```

31)
```
   57
-  29
```

32)
```
   99
-  29
```

33)
```
   30
-  26
```

34)
```
   29
-  25
```

35)
```
   97
-  61
```

36)
```
   63
-  18
```

37)
```
   93
-  90
```

38)
```
   66
-  49
```

39)
```
   78
-  27
```

40)
```
   75
-  65
```

41)
```
   62
-  31
```

42)
```
   80
-  57
```

43)
```
   81
-  43
```

44)
```
   57
-  26
```

45)
```
   55
-  43
```

46)
```
   72
-  69
```

47)
```
   78
-  11
```

48)
```
   26
-  26
```

DAY 44 - ADDITION AND SUBTRACTION
DOUBLE DIGITS

DATE: ....

SCORE: ..../48

<25
>35
>45

TO REPEAT: ....
list the examples that
caused you problems
....

1) 98
  + 21

2) 37
  + 74

3) 18
  + 52

4) 18
  + 79

5) 57
  + 62

6) 95
  + 80

7) 65
  + 62

8) 14
  + 92

9) 76
  + 51

10) 47
   + 25

11) 53
   + 71

12) 62
   + 43

13) 69
   + 37

14) 27
   + 94

15) 62
   + 16

16) 89
   + 97

17) 25
   + 49

18) 35
   + 72

19) 21
   + 47

20) 24
   + 59

21) 32
   + 82

22) 18
   + 67

23) 83
   + 19

24) 22
   + 56

25) 62
   - 32

26) 73
   - 28

27) 99
   - 30

28) 59
   - 10

29) 82
   - 79

30) 60
   - 45

31) 37
   - 14

32) 81
   - 66

33) 68
   - 14

34) 43
   - 29

35) 84
   - 49

36) 95
   - 51

37) 88
   - 41

38) 97
   - 42

39) 92
   - 22

40) 71
   - 39

41) 41
   - 10

42) 86
   - 20

43) 59
   - 17

44) 78
   - 15

45) 38
   - 21

46) 82
   - 25

47) 70
   - 35

48) 83
   - 71

DAY 45 - ADDITION AND SUBTRACTION
DOUBLE DIGITS

DATE: ....

SCORE: ..../48

<25

>35

>45

TO REPEAT: ....

list the examples that
caused you problems

....

1)
$$62 + 39$$

2)
$$42 + 67$$

3)
$$74 + 90$$

4)
$$71 + 16$$

5)
$$47 + 22$$

6)
$$68 + 46$$

7)
$$78 + 26$$

8)
$$29 + 86$$

9)
$$29 + 28$$

10)
$$87 + 88$$

11)
$$56 + 24$$

12)
$$30 + 89$$

13)
$$10 + 37$$

14)
$$92 + 56$$

15)
$$22 + 66$$

16)
$$55 + 62$$

17)
$$31 + 21$$

18)
$$78 + 78$$

19)
$$88 + 35$$

20)
$$23 + 61$$

21)
$$82 + 51$$

22)
$$21 + 88$$

23)
$$10 + 46$$

24)
$$71 + 67$$

25)
$$78 - 11$$

26)
$$80 - 34$$

27)
$$78 - 25$$

28)
$$73 - 45$$

29)
$$52 - 12$$

30)
$$73 - 20$$

31)
$$90 - 47$$

32)
$$71 - 30$$

33)
$$94 - 35$$

34)
$$32 - 15$$

35)
$$43 - 12$$

36)
$$87 - 55$$

37)
$$84 - 30$$

38)
$$87 - 58$$

39)
$$48 - 42$$

40)
$$87 - 83$$

41)
$$52 - 30$$

42)
$$53 - 15$$

43)
$$63 - 32$$

44)
$$52 - 34$$

45)
$$78 - 62$$

46)
$$79 - 72$$

47)
$$49 - 47$$

48)
$$93 - 18$$

DAY 46 - ADDITION AND SUBTRACTION
DOUBLE DIGITS

DATE: ....

SCORE: ..../48

<25

>35

>45

TO REPEAT: ....
list the examples that
caused you problems

....

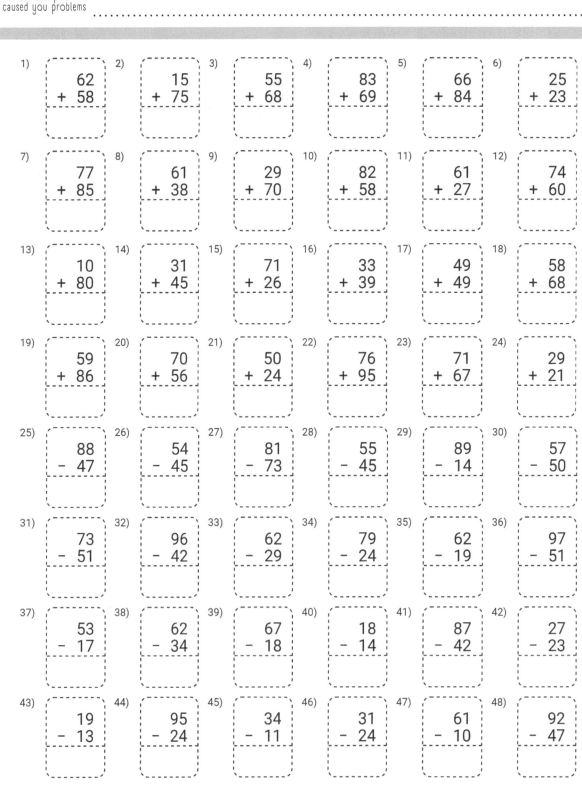

1)
```
   62
 + 58
```

2)
```
   15
 + 75
```

3)
```
   55
 + 68
```

4)
```
   83
 + 69
```

5)
```
   66
 + 84
```

6)
```
   25
 + 23
```

7)
```
   77
 + 85
```

8)
```
   61
 + 38
```

9)
```
   29
 + 70
```

10)
```
   82
 + 58
```

11)
```
   61
 + 27
```

12)
```
   74
 + 60
```

13)
```
   10
 + 80
```

14)
```
   31
 + 45
```

15)
```
   71
 + 26
```

16)
```
   33
 + 39
```

17)
```
   49
 + 49
```

18)
```
   58
 + 68
```

19)
```
   59
 + 86
```

20)
```
   70
 + 56
```

21)
```
   50
 + 24
```

22)
```
   76
 + 95
```

23)
```
   71
 + 67
```

24)
```
   29
 + 21
```

25)
```
   88
 - 47
```

26)
```
   54
 - 45
```

27)
```
   81
 - 73
```

28)
```
   55
 - 45
```

29)
```
   89
 - 14
```

30)
```
   57
 - 50
```

31)
```
   73
 - 51
```

32)
```
   96
 - 42
```

33)
```
   62
 - 29
```

34)
```
   79
 - 24
```

35)
```
   62
 - 19
```

36)
```
   97
 - 51
```

37)
```
   53
 - 17
```

38)
```
   62
 - 34
```

39)
```
   67
 - 18
```

40)
```
   18
 - 14
```

41)
```
   87
 - 42
```

42)
```
   27
 - 23
```

43)
```
   19
 - 13
```

44)
```
   95
 - 24
```

45)
```
   34
 - 11
```

46)
```
   31
 - 24
```

47)
```
   61
 - 10
```

48)
```
   92
 - 47
```

DAY 47 - ADDITION AND SUBTRACTION
DOUBLE DIGITS

DATE: ....

SCORE: ..../48

<25
>35
>45

TO REPEAT: ....
list the examples that
caused you problems

....

1)
```
  20
+ 91
```

2)
```
  98
+ 41
```

3)
```
  72
+ 26
```

4)
```
  49
+ 94
```

5)
```
  17
+ 97
```

6)
```
  17
+ 86
```

7)
```
  70
+ 73
```

8)
```
  41
+ 13
```

9)
```
  36
+ 12
```

10)
```
  90
+ 24
```

11)
```
  35
+ 49
```

12)
```
  48
+ 85
```

13)
```
  61
+ 85
```

14)
```
  32
+ 38
```

15)
```
  88
+ 78
```

16)
```
  61
+ 85
```

17)
```
  21
+ 77
```

18)
```
  40
+ 41
```

19)
```
  79
+ 46
```

20)
```
  95
+ 10
```

21)
```
  52
+ 59
```

22)
```
  15
+ 72
```

23)
```
  55
+ 90
```

24)
```
  40
+ 15
```

25)
```
  66
- 36
```

26)
```
  98
- 86
```

27)
```
  97
- 35
```

28)
```
  34
- 13
```

29)
```
  57
- 13
```

30)
```
  41
- 17
```

31)
```
  56
- 49
```

32)
```
  72
- 40
```

33)
```
  81
- 46
```

34)
```
  46
- 11
```

35)
```
  86
- 24
```

36)
```
  69
- 47
```

37)
```
  98
- 14
```

38)
```
  75
- 30
```

39)
```
  69
- 27
```

40)
```
  97
- 32
```

41)
```
  91
- 12
```

42)
```
  65
- 53
```

43)
```
  55
- 10
```

44)
```
  29
- 26
```

45)
```
  92
- 81
```

46)
```
  83
- 20
```

47)
```
  85
- 13
```

48)
```
  92
- 11
```

DAY 48 - ADDITION AND SUBTRACTION
DOUBLE DIGITS

DATE: ....

SCORE: ..../48

<25

>35

>45

TO REPEAT: ....

list the examples that
caused you problems

....

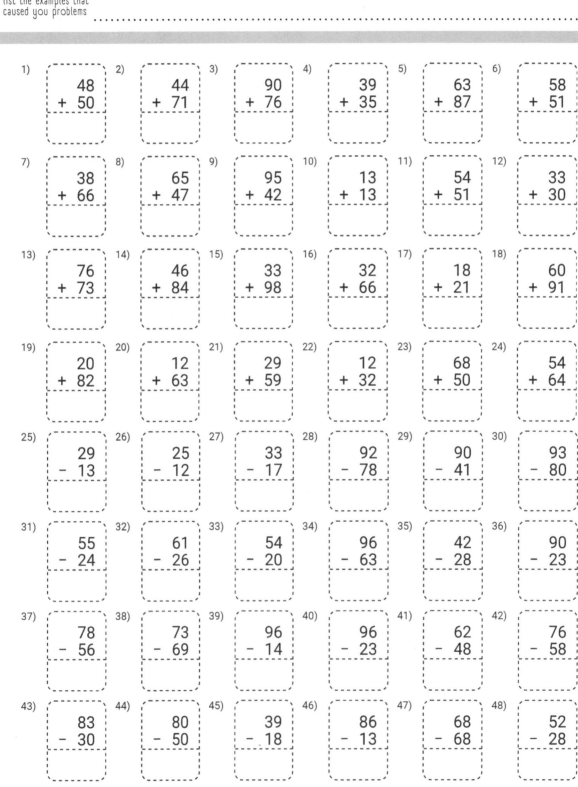

1)
```
   48
 + 50
```

2)
```
   44
 + 71
```

3)
```
   90
 + 76
```

4)
```
   39
 + 35
```

5)
```
   63
 + 87
```

6)
```
   58
 + 51
```

7)
```
   38
 + 66
```

8)
```
   65
 + 47
```

9)
```
   95
 + 42
```

10)
```
   13
 + 13
```

11)
```
   54
 + 51
```

12)
```
   33
 + 30
```

13)
```
   76
 + 73
```

14)
```
   46
 + 84
```

15)
```
   33
 + 98
```

16)
```
   32
 + 66
```

17)
```
   18
 + 21
```

18)
```
   60
 + 91
```

19)
```
   20
 + 82
```

20)
```
   12
 + 63
```

21)
```
   29
 + 59
```

22)
```
   12
 + 32
```

23)
```
   68
 + 50
```

24)
```
   54
 + 64
```

25)
```
   29
 - 13
```

26)
```
   25
 - 12
```

27)
```
   33
 - 17
```

28)
```
   92
 - 78
```

29)
```
   90
 - 41
```

30)
```
   93
 - 80
```

31)
```
   55
 - 24
```

32)
```
   61
 - 26
```

33)
```
   54
 - 20
```

34)
```
   96
 - 63
```

35)
```
   42
 - 28
```

36)
```
   90
 - 23
```

37)
```
   78
 - 56
```

38)
```
   73
 - 69
```

39)
```
   96
 - 14
```

40)
```
   96
 - 23
```

41)
```
   62
 - 48
```

42)
```
   76
 - 58
```

43)
```
   83
 - 30
```

44)
```
   80
 - 50
```

45)
```
   39
 - 18
```

46)
```
   86
 - 13
```

47)
```
   68
 - 68
```

48)
```
   52
 - 28
```

DAY 49 - ADDITION AND SUBTRACTION
DOUBLE DIGITS

DATE: ....

SCORE: ..../48

<25

>35

>45

TO REPEAT: ....

list the examples that
caused you problems

....

1)
```
  88
+ 95
```

2)
```
  23
+ 29
```

3)
```
  44
+ 78
```

4)
```
  14
+ 80
```

5)
```
  79
+ 91
```

6)
```
  30
+ 81
```

7)
```
  14
+ 71
```

8)
```
  21
+ 54
```

9)
```
  66
+ 85
```

10)
```
  53
+ 58
```

11)
```
  76
+ 59
```

12)
```
  45
+ 64
```

13)
```
  46
+ 27
```

14)
```
  19
+ 88
```

15)
```
  53
+ 92
```

16)
```
  51
+ 57
```

17)
```
  47
+ 69
```

18)
```
  92
+ 86
```

19)
```
  91
+ 41
```

20)
```
  70
+ 53
```

21)
```
  25
+ 69
```

22)
```
  86
+ 25
```

23)
```
  19
+ 65
```

24)
```
  63
+ 77
```

25)
```
  71
- 44
```

26)
```
  46
- 18
```

27)
```
  80
- 45
```

28)
```
  57
- 31
```

29)
```
  68
- 42
```

30)
```
  91
- 10
```

31)
```
  77
- 55
```

32)
```
  73
- 32
```

33)
```
  82
- 18
```

34)
```
  73
- 63
```

35)
```
  99
- 13
```

36)
```
  66
- 65
```

37)
```
  83
- 16
```

38)
```
  38
- 33
```

39)
```
  73
- 45
```

40)
```
  82
- 68
```

41)
```
  90
- 67
```

42)
```
  54
- 21
```

43)
```
  65
- 44
```

44)
```
  62
- 30
```

45)
```
  93
- 69
```

46)
```
  24
- 11
```

47)
```
  69
- 69
```

48)
```
  99
- 72
```

53

DAY 50 - ADDITION AND SUBTRACTION
DOUBLE DIGITS

DATE: ....

SCORE: ..../48

<25

>35

>45

TO REPEAT: ....
list the examples that
caused you problems
....

1)
```
   81
+  72
```

2)
```
   63
+  59
```

3)
```
   33
+  54
```

4)
```
   25
+  50
```

5)
```
   27
+  12
```

6)
```
   18
+  45
```

7)
```
   47
+  30
```

8)
```
   30
+  90
```

9)
```
   87
+  66
```

10)
```
   18
+  87
```

11)
```
   26
+  98
```

12)
```
   27
+  30
```

13)
```
   88
+  37
```

14)
```
   24
+  34
```

15)
```
   29
+  40
```

16)
```
   48
+  56
```

17)
```
   31
+  97
```

18)
```
   15
+  49
```

19)
```
   65
+  35
```

20)
```
   14
+  53
```

21)
```
   31
+  98
```

22)
```
   70
+  62
```

23)
```
   92
+  92
```

24)
```
   32
+  93
```

25)
```
   92
-  92
```

26)
```
   38
-  33
```

27)
```
   86
-  38
```

28)
```
   64
-  18
```

29)
```
   87
-  87
```

30)
```
   58
-  24
```

31)
```
   35
-  17
```

32)
```
   63
-  39
```

33)
```
   92
-  23
```

34)
```
   74
-  29
```

35)
```
   91
-  65
```

36)
```
   45
-  15
```

37)
```
   31
-  22
```

38)
```
   41
-  39
```

39)
```
   44
-  10
```

40)
```
   98
-  96
```

41)
```
   62
-  14
```

42)
```
   70
-  12
```

43)
```
   62
-  19
```

44)
```
   23
-  10
```

45)
```
   24
-  15
```

46)
```
   63
-  48
```

47)
```
   30
-  20
```

48)
```
   66
-  55
```

DAY 51 - ADDITION AND SUBTRACTION
DOUBLE DIGITS

DATE: ....

SCORE: ..../48

<25

>35

>45

TO REPEAT: ....
list the examples that
caused you problems

....

1)
```
   30
 + 67
```

2)
```
   59
 + 11
```

3)
```
   79
 + 82
```

4)
```
   73
 + 31
```

5)
```
   32
 + 46
```

6)
```
   46
 + 21
```

7)
```
   20
 + 91
```

8)
```
   85
 + 80
```

9)
```
   90
 + 20
```

10)
```
   93
 + 78
```

11)
```
   41
 + 76
```

12)
```
   97
 + 58
```

13)
```
   15
 + 91
```

14)
```
   52
 + 84
```

15)
```
   58
 + 91
```

16)
```
   54
 + 57
```

17)
```
   48
 + 11
```

18)
```
   59
 + 92
```

19)
```
   70
 + 36
```

20)
```
   82
 + 16
```

21)
```
   34
 + 70
```

22)
```
   28
 + 44
```

23)
```
   32
 + 19
```

24)
```
   97
 + 69
```

25)
```
   76
 - 60
```

26)
```
   98
 - 33
```

27)
```
   21
 - 18
```

28)
```
   74
 - 24
```

29)
```
   94
 - 20
```

30)
```
   98
 - 16
```

31)
```
   92
 - 89
```

32)
```
   22
 - 13
```

33)
```
   53
 - 35
```

34)
```
   90
 - 49
```

35)
```
   51
 - 30
```

36)
```
   69
 - 60
```

37)
```
   67
 - 61
```

38)
```
   89
 - 57
```

39)
```
   94
 - 24
```

40)
```
   47
 - 41
```

41)
```
   85
 - 15
```

42)
```
   53
 - 30
```

43)
```
   69
 - 34
```

44)
```
   87
 - 38
```

45)
```
   46
 - 10
```

46)
```
   74
 - 30
```

47)
```
   99
 - 55
```

48)
```
   88
 - 63
```

DAY 52 - ADDITION AND SUBTRACTION
DOUBLE DIGITS

DATE: ....

SCORE: ..../48

<25

>35

>45

TO REPEAT: ....
list the examples that
caused you problems

....

1)
```
  72
+ 10
```

2)
```
  56
+ 24
```

3)
```
  32
+ 87
```

4)
```
  18
+ 52
```

5)
```
  44
+ 32
```

6)
```
  45
+ 34
```

7)
```
  83
+ 32
```

8)
```
  37
+ 20
```

9)
```
  95
+ 12
```

10)
```
  89
+ 74
```

11)
```
  64
+ 79
```

12)
```
  46
+ 33
```

13)
```
  35
+ 84
```

14)
```
  83
+ 26
```

15)
```
  49
+ 18
```

16)
```
  85
+ 71
```

17)
```
  21
+ 18
```

18)
```
  13
+ 38
```

19)
```
  54
+ 63
```

20)
```
  55
+ 96
```

21)
```
  84
+ 14
```

22)
```
  95
+ 47
```

23)
```
  97
+ 57
```

24)
```
  59
+ 28
```

25)
```
  55
- 18
```

26)
```
  75
- 31
```

27)
```
  95
- 62
```

28)
```
  78
- 38
```

29)
```
  58
- 33
```

30)
```
  81
- 27
```

31)
```
  65
- 30
```

32)
```
  63
- 28
```

33)
```
  74
- 22
```

34)
```
  62
- 30
```

35)
```
  47
- 33
```

36)
```
  82
- 76
```

37)
```
  78
- 31
```

38)
```
  60
- 49
```

39)
```
  26
- 19
```

40)
```
  83
- 78
```

41)
```
  55
- 54
```

42)
```
  95
- 68
```

43)
```
  93
- 71
```

44)
```
  61
- 59
```

45)
```
  90
- 80
```

46)
```
  55
- 43
```

47)
```
  64
- 57
```

48)
```
  94
- 45
```

56

DAY 53 - ADDITION AND SUBTRACTION
DOUBLE DIGITS

DATE: ....

SCORE: ..../48

<25

>35

>45

TO REPEAT: ....
list the examples that
caused you problems
....

1)
$$60 + 77$$

2)
$$98 + 64$$

3)
$$45 + 28$$

4)
$$35 + 87$$

5)
$$97 + 30$$

6)
$$75 + 66$$

7)
$$66 + 11$$

8)
$$83 + 59$$

9)
$$26 + 79$$

10)
$$67 + 28$$

11)
$$84 + 96$$

12)
$$56 + 65$$

13)
$$61 + 42$$

14)
$$94 + 33$$

15)
$$74 + 98$$

16)
$$51 + 11$$

17)
$$56 + 72$$

18)
$$35 + 48$$

19)
$$76 + 74$$

20)
$$80 + 94$$

21)
$$65 + 42$$

22)
$$28 + 58$$

23)
$$30 + 73$$

24)
$$44 + 45$$

25)
$$15 - 13$$

26)
$$81 - 69$$

27)
$$67 - 66$$

28)
$$87 - 37$$

29)
$$92 - 59$$

30)
$$42 - 42$$

31)
$$84 - 43$$

32)
$$97 - 50$$

33)
$$86 - 49$$

34)
$$37 - 13$$

35)
$$67 - 36$$

36)
$$84 - 28$$

37)
$$47 - 27$$

38)
$$99 - 40$$

39)
$$97 - 91$$

40)
$$23 - 18$$

41)
$$94 - 42$$

42)
$$35 - 28$$

43)
$$86 - 86$$

44)
$$81 - 56$$

45)
$$37 - 12$$

46)
$$97 - 93$$

47)
$$92 - 56$$

48)
$$87 - 22$$

DAY 54 - ADDITION AND SUBTRACTION
DOUBLE DIGITS

DATE: ....

SCORE: ..../48

<25

>35

>45

TO REPEAT: ....
list the examples that
caused you problems
....

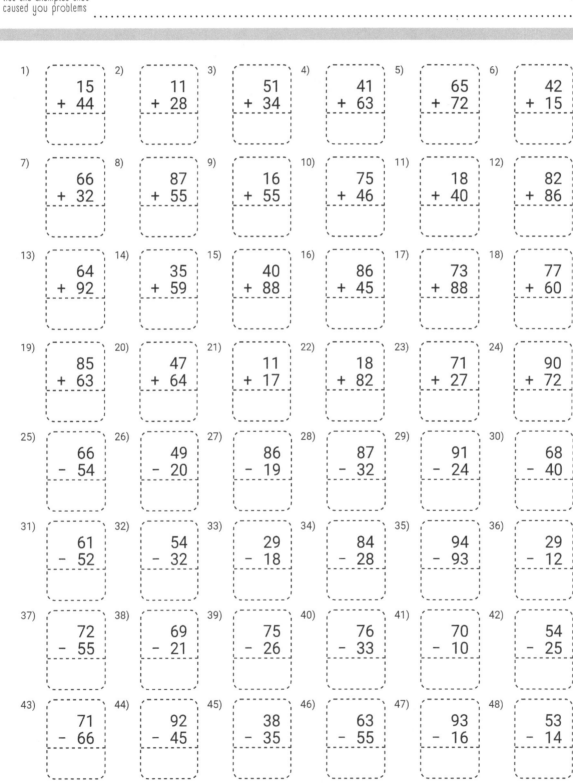

1)
```
   15
 + 44
```

2)
```
   11
 + 28
```

3)
```
   51
 + 34
```

4)
```
   41
 + 63
```

5)
```
   65
 + 72
```

6)
```
   42
 + 15
```

7)
```
   66
 + 32
```

8)
```
   87
 + 55
```

9)
```
   16
 + 55
```

10)
```
   75
 + 46
```

11)
```
   18
 + 40
```

12)
```
   82
 + 86
```

13)
```
   64
 + 92
```

14)
```
   35
 + 59
```

15)
```
   40
 + 88
```

16)
```
   86
 + 45
```

17)
```
   73
 + 88
```

18)
```
   77
 + 60
```

19)
```
   85
 + 63
```

20)
```
   47
 + 64
```

21)
```
   11
 + 17
```

22)
```
   18
 + 82
```

23)
```
   71
 + 27
```

24)
```
   90
 + 72
```

25)
```
   66
 - 54
```

26)
```
   49
 - 20
```

27)
```
   86
 - 19
```

28)
```
   87
 - 32
```

29)
```
   91
 - 24
```

30)
```
   68
 - 40
```

31)
```
   61
 - 52
```

32)
```
   54
 - 32
```

33)
```
   29
 - 18
```

34)
```
   84
 - 28
```

35)
```
   94
 - 93
```

36)
```
   29
 - 12
```

37)
```
   72
 - 55
```

38)
```
   69
 - 21
```

39)
```
   75
 - 26
```

40)
```
   76
 - 33
```

41)
```
   70
 - 10
```

42)
```
   54
 - 25
```

43)
```
   71
 - 66
```

44)
```
   92
 - 45
```

45)
```
   38
 - 35
```

46)
```
   63
 - 55
```

47)
```
   93
 - 16
```

48)
```
   53
 - 14
```

DAY 55 - ADDITION AND SUBTRACTION
DOUBLE DIGITS

TO REPEAT: ....

list the examples that
caused you problems

....

1)
```
  70
+ 99
```

2)
```
  13
+ 11
```

3)
```
  26
+ 96
```

4)
```
  93
+ 70
```

5)
```
  12
+ 86
```

6)
```
  82
+ 11
```

7)
```
  69
+ 93
```

8)
```
  67
+ 52
```

9)
```
  82
+ 19
```

10)
```
  20
+ 46
```

11)
```
  50
+ 44
```

12)
```
  50
+ 13
```

13)
```
  89
+ 64
```

14)
```
  14
+ 37
```

15)
```
  16
+ 79
```

16)
```
  98
+ 82
```

17)
```
  71
+ 21
```

18)
```
  51
+ 73
```

19)
```
  54
+ 94
```

20)
```
  77
+ 94
```

21)
```
  75
+ 11
```

22)
```
  52
+ 94
```

23)
```
  87
+ 39
```

24)
```
  97
+ 50
```

25)
```
  49
- 44
```

26)
```
  76
- 28
```

27)
```
  39
- 15
```

28)
```
  98
- 10
```

29)
```
  68
- 49
```

30)
```
  51
- 12
```

31)
```
  85
- 14
```

32)
```
  77
- 17
```

33)
```
  93
- 17
```

34)
```
  42
- 39
```

35)
```
  62
- 43
```

36)
```
  48
- 17
```

37)
```
  82
- 13
```

38)
```
  81
- 71
```

39)
```
  22
- 17
```

40)
```
  59
- 49
```

41)
```
  82
- 79
```

42)
```
  85
- 21
```

43)
```
  89
- 48
```

44)
```
  67
- 20
```

45)
```
  57
- 14
```

46)
```
  62
- 35
```

47)
```
  43
- 26
```

48)
```
  44
- 12
```

DAY 56 - ADDITION AND SUBTRACTION
DOUBLE DIGITS

DATE: ....

SCORE: ..../48

TO REPEAT: ....
list the examples that
caused you problems ....

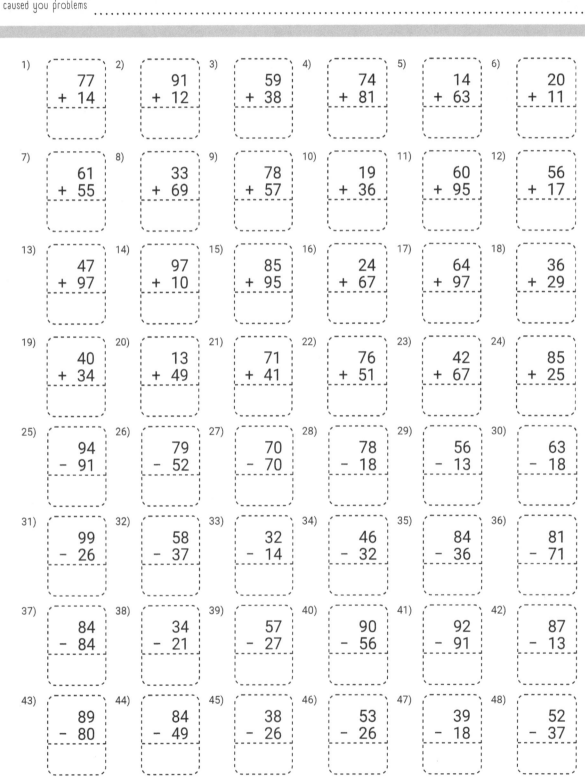

1) 77
  + 14

2) 91
  + 12

3) 59
  + 38

4) 74
  + 81

5) 14
  + 63

6) 20
  + 11

7) 61
  + 55

8) 33
  + 69

9) 78
  + 57

10) 19
   + 36

11) 60
   + 95

12) 56
   + 17

13) 47
   + 97

14) 97
   + 10

15) 85
   + 95

16) 24
   + 67

17) 64
   + 97

18) 36
   + 29

19) 40
   + 34

20) 13
   + 49

21) 71
   + 41

22) 76
   + 51

23) 42
   + 67

24) 85
   + 25

25) 94
   − 91

26) 79
   − 52

27) 70
   − 70

28) 78
   − 18

29) 56
   − 13

30) 63
   − 18

31) 99
   − 26

32) 58
   − 37

33) 32
   − 14

34) 46
   − 32

35) 84
   − 36

36) 81
   − 71

37) 84
   − 84

38) 34
   − 21

39) 57
   − 27

40) 90
   − 56

41) 92
   − 91

42) 87
   − 13

43) 89
   − 80

44) 84
   − 49

45) 38
   − 26

46) 53
   − 26

47) 39
   − 18

48) 52
   − 37

DAY 57 - ADDITION AND SUBTRACTION
DOUBLE DIGITS

DATE: ....

SCORE: ..../48

TO REPEAT: ....
list the examples that
caused you problems
....

1) 74 + 58	2) 65 + 49	3) 36 + 29	4) 19 + 68	5) 89 + 38	6) 59 + 47
7) 52 + 20	8) 87 + 11	9) 26 + 75	10) 33 + 78	11) 33 + 97	12) 35 + 30
13) 75 + 86	14) 54 + 79	15) 11 + 20	16) 56 + 21	17) 95 + 61	18) 18 + 86
19) 66 + 83	20) 72 + 35	21) 26 + 60	22) 95 + 32	23) 93 + 36	24) 13 + 82
25) 89 − 52	26) 59 − 58	27) 84 − 84	28) 97 − 33	29) 23 − 18	30) 67 − 28
31) 97 − 20	32) 71 − 23	33) 57 − 28	34) 63 − 53	35) 66 − 54	36) 85 − 38
37) 88 − 15	38) 65 − 30	39) 74 − 23	40) 78 − 66	41) 89 − 35	42) 46 − 19
43) 85 − 30	44) 57 − 32	45) 98 − 52	46) 44 − 10	47) 69 − 36	48) 55 − 49

61

DAY 58 - ADDITION AND SUBTRACTION
DOUBLE DIGITS

DATE: ....

SCORE: ..../48

<25
>35
>45

TO REPEAT: ....
list the examples that
caused you problems
....

1)
```
   82
+  66
```

2)
```
   68
+  78
```

3)
```
   41
+  71
```

4)
```
   73
+  64
```

5)
```
   32
+  41
```

6)
```
   54
+  47
```

7)
```
   36
+  16
```

8)
```
   97
+  19
```

9)
```
   62
+  55
```

10)
```
   88
+  20
```

11)
```
   32
+  89
```

12)
```
   21
+  14
```

13)
```
   51
+  48
```

14)
```
   60
+  97
```

15)
```
   67
+  11
```

16)
```
   92
+  69
```

17)
```
   83
+  56
```

18)
```
   91
+  25
```

19)
```
   72
+  13
```

20)
```
   67
+  11
```

21)
```
   14
+  92
```

22)
```
   87
+  84
```

23)
```
   52
+  24
```

24)
```
   78
+  70
```

25)
```
   66
-  32
```

26)
```
   68
-  46
```

27)
```
   81
-  79
```

28)
```
   89
-  26
```

29)
```
   75
-  43
```

30)
```
   83
-  71
```

31)
```
   88
-  88
```

32)
```
   54
-  23
```

33)
```
   27
-  15
```

34)
```
   83
-  31
```

35)
```
   73
-  39
```

36)
```
   63
-  20
```

37)
```
   60
-  35
```

38)
```
   38
-  24
```

39)
```
   98
-  79
```

40)
```
   68
-  21
```

41)
```
   17
-  15
```

42)
```
   18
-  11
```

43)
```
   90
-  74
```

44)
```
   42
-  41
```

45)
```
   68
-  57
```

46)
```
   98
-  44
```

47)
```
   39
-  38
```

48)
```
   96
-  65
```

DAY 59 - ADDITION AND SUBTRACTION
DOUBLE DIGITS

DATE: ....

SCORE: ..../48

<25
>35
>45

TO REPEAT: ....
list the examples that
caused you problems
....

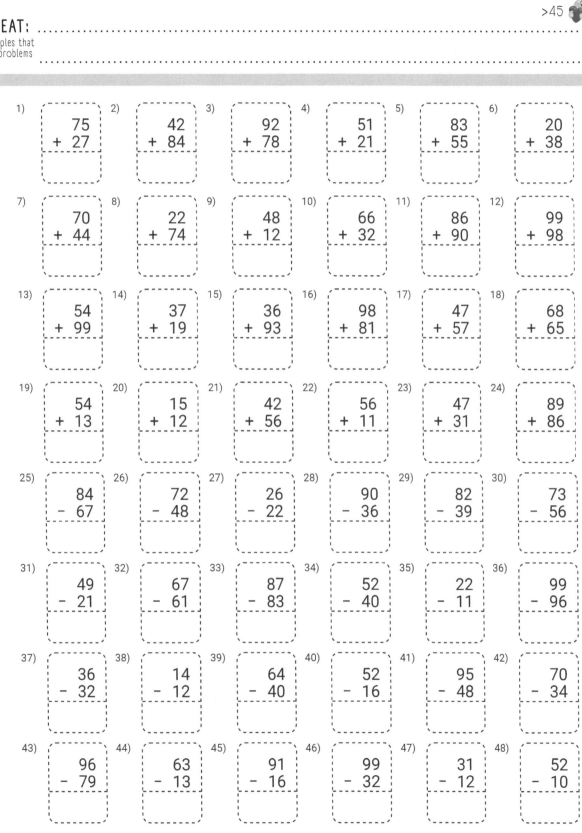

1)
75
+ 27

2)
42
+ 84

3)
92
+ 78

4)
51
+ 21

5)
83
+ 55

6)
20
+ 38

7)
70
+ 44

8)
22
+ 74

9)
48
+ 12

10)
66
+ 32

11)
86
+ 90

12)
99
+ 98

13)
54
+ 99

14)
37
+ 19

15)
36
+ 93

16)
98
+ 81

17)
47
+ 57

18)
68
+ 65

19)
54
+ 13

20)
15
+ 12

21)
42
+ 56

22)
56
+ 11

23)
47
+ 31

24)
89
+ 86

25)
84
- 67

26)
72
- 48

27)
26
- 22

28)
90
- 36

29)
82
- 39

30)
73
- 56

31)
49
- 21

32)
67
- 61

33)
87
- 83

34)
52
- 40

35)
22
- 11

36)
99
- 96

37)
36
- 32

38)
14
- 12

39)
64
- 40

40)
52
- 16

41)
95
- 48

42)
70
- 34

43)
96
- 79

44)
63
- 13

45)
91
- 16

46)
99
- 32

47)
31
- 12

48)
52
- 10

DAY 60 - ADDITION AND SUBTRACTION
DOUBLE DIGITS

DATE: ....

SCORE: ..../48

<25
>35
>45

TO REPEAT: ....
list the examples that
caused you problems
....

1)
$$\begin{array}{r} 75 \\ + 90 \\ \hline \end{array}$$

2)
$$\begin{array}{r} 41 \\ + 87 \\ \hline \end{array}$$

3)
$$\begin{array}{r} 87 \\ + 63 \\ \hline \end{array}$$

4)
$$\begin{array}{r} 65 \\ + 16 \\ \hline \end{array}$$

5)
$$\begin{array}{r} 63 \\ + 60 \\ \hline \end{array}$$

6)
$$\begin{array}{r} 95 \\ + 76 \\ \hline \end{array}$$

7)
$$\begin{array}{r} 27 \\ + 45 \\ \hline \end{array}$$

8)
$$\begin{array}{r} 56 \\ + 79 \\ \hline \end{array}$$

9)
$$\begin{array}{r} 63 \\ + 11 \\ \hline \end{array}$$

10)
$$\begin{array}{r} 78 \\ + 66 \\ \hline \end{array}$$

11)
$$\begin{array}{r} 11 \\ + 33 \\ \hline \end{array}$$

12)
$$\begin{array}{r} 66 \\ + 40 \\ \hline \end{array}$$

13)
$$\begin{array}{r} 58 \\ + 94 \\ \hline \end{array}$$

14)
$$\begin{array}{r} 25 \\ + 39 \\ \hline \end{array}$$

15)
$$\begin{array}{r} 18 \\ + 42 \\ \hline \end{array}$$

16)
$$\begin{array}{r} 81 \\ + 46 \\ \hline \end{array}$$

17)
$$\begin{array}{r} 66 \\ + 57 \\ \hline \end{array}$$

18)
$$\begin{array}{r} 95 \\ + 32 \\ \hline \end{array}$$

19)
$$\begin{array}{r} 68 \\ + 85 \\ \hline \end{array}$$

20)
$$\begin{array}{r} 91 \\ + 96 \\ \hline \end{array}$$

21)
$$\begin{array}{r} 82 \\ + 86 \\ \hline \end{array}$$

22)
$$\begin{array}{r} 45 \\ + 70 \\ \hline \end{array}$$

23)
$$\begin{array}{r} 10 \\ + 42 \\ \hline \end{array}$$

24)
$$\begin{array}{r} 43 \\ + 43 \\ \hline \end{array}$$

25)
$$\begin{array}{r} 75 \\ - 19 \\ \hline \end{array}$$

26)
$$\begin{array}{r} 28 \\ - 11 \\ \hline \end{array}$$

27)
$$\begin{array}{r} 90 \\ - 72 \\ \hline \end{array}$$

28)
$$\begin{array}{r} 97 \\ - 83 \\ \hline \end{array}$$

29)
$$\begin{array}{r} 63 \\ - 59 \\ \hline \end{array}$$

30)
$$\begin{array}{r} 58 \\ - 46 \\ \hline \end{array}$$

31)
$$\begin{array}{r} 66 \\ - 36 \\ \hline \end{array}$$

32)
$$\begin{array}{r} 63 \\ - 14 \\ \hline \end{array}$$

33)
$$\begin{array}{r} 94 \\ - 83 \\ \hline \end{array}$$

34)
$$\begin{array}{r} 68 \\ - 22 \\ \hline \end{array}$$

35)
$$\begin{array}{r} 93 \\ - 31 \\ \hline \end{array}$$

36)
$$\begin{array}{r} 75 \\ - 68 \\ \hline \end{array}$$

37)
$$\begin{array}{r} 45 \\ - 27 \\ \hline \end{array}$$

38)
$$\begin{array}{r} 92 \\ - 15 \\ \hline \end{array}$$

39)
$$\begin{array}{r} 42 \\ - 22 \\ \hline \end{array}$$

40)
$$\begin{array}{r} 71 \\ - 10 \\ \hline \end{array}$$

41)
$$\begin{array}{r} 42 \\ - 22 \\ \hline \end{array}$$

42)
$$\begin{array}{r} 57 \\ - 22 \\ \hline \end{array}$$

43)
$$\begin{array}{r} 86 \\ - 42 \\ \hline \end{array}$$

44)
$$\begin{array}{r} 92 \\ - 69 \\ \hline \end{array}$$

45)
$$\begin{array}{r} 43 \\ - 13 \\ \hline \end{array}$$

46)
$$\begin{array}{r} 40 \\ - 23 \\ \hline \end{array}$$

47)
$$\begin{array}{r} 16 \\ - 11 \\ \hline \end{array}$$

48)
$$\begin{array}{r} 86 \\ - 33 \\ \hline \end{array}$$

DAY 61 - ADDITION AND SUBTRACTION
TRIPLE DIGITS

DATE: ....

SCORE: ..../48

<25

>35

>45

TO REPEAT: ....
list the examples that
caused you problems
....

1)
```
   363
 + 677
```

2)
```
   349
 + 810
```

3)
```
   922
 + 634
```

4)
```
   810
 + 324
```

5)
```
   686
 + 556
```

6)
```
   119
 + 334
```

7)
```
   366
 + 235
```

8)
```
   346
 + 263
```

9)
```
   563
 + 158
```

10)
```
   473
 + 913
```

11)
```
   719
 + 315
```

12)
```
   611
 + 361
```

13)
```
   844
 + 882
```

14)
```
   208
 + 311
```

15)
```
   631
 + 677
```

16)
```
   331
 + 680
```

17)
```
   740
 + 879
```

18)
```
   419
 + 562
```

19)
```
   138
 + 495
```

20)
```
   141
 + 272
```

21)
```
   111
 + 152
```

22)
```
   196
 + 937
```

23)
```
   721
 + 994
```

24)
```
   953
 + 889
```

25)
```
   789
 - 701
```

26)
```
   993
 - 935
```

27)
```
   747
 - 182
```

28)
```
   805
 - 447
```

29)
```
   852
 - 381
```

30)
```
   676
 - 563
```

31)
```
   650
 - 250
```

32)
```
   824
 - 292
```

33)
```
   904
 - 499
```

34)
```
   745
 - 258
```

35)
```
   675
 - 668
```

36)
```
   904
 - 627
```

37)
```
   225
 - 167
```

38)
```
   309
 - 195
```

39)
```
   835
 - 487
```

40)
```
   509
 - 289
```

41)
```
   755
 - 506
```

42)
```
   483
 - 220
```

43)
```
   875
 - 350
```

44)
```
   566
 - 369
```

45)
```
   788
 - 470
```

46)
```
   329
 - 274
```

47)
```
   868
 - 503
```

48)
```
   490
 - 424
```

DAY 62 - ADDITION AND SUBTRACTION
TRIPLE DIGITS

DATE: ....

SCORE: ..../48

<25

>35

>45

TO REPEAT: ....
list the examples that
caused you problems
....

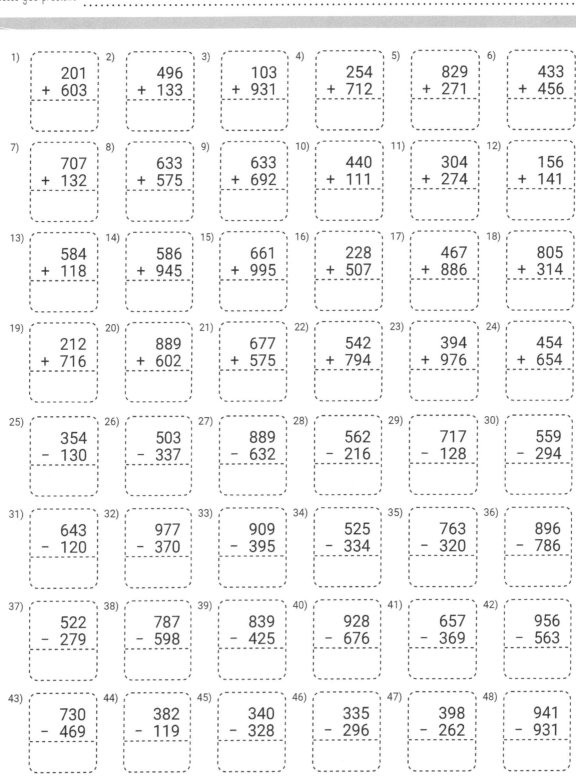

1) 201
  + 603

2) 496
  + 133

3) 103
  + 931

4) 254
  + 712

5) 829
  + 271

6) 433
  + 456

7) 707
  + 132

8) 633
  + 575

9) 633
  + 692

10) 440
  + 111

11) 304
  + 274

12) 156
  + 141

13) 584
  + 118

14) 586
  + 945

15) 661
  + 995

16) 228
  + 507

17) 467
  + 886

18) 805
  + 314

19) 212
  + 716

20) 889
  + 602

21) 677
  + 575

22) 542
  + 794

23) 394
  + 976

24) 454
  + 654

25) 354
  - 130

26) 503
  - 337

27) 889
  - 632

28) 562
  - 216

29) 717
  - 128

30) 559
  - 294

31) 643
  - 120

32) 977
  - 370

33) 909
  - 395

34) 525
  - 334

35) 763
  - 320

36) 896
  - 786

37) 522
  - 279

38) 787
  - 598

39) 839
  - 425

40) 928
  - 676

41) 657
  - 369

42) 956
  - 563

43) 730
  - 469

44) 382
  - 119

45) 340
  - 328

46) 335
  - 296

47) 398
  - 262

48) 941
  - 931

DAY 63 - ADDITION AND SUBTRACTION
TRIPLE DIGITS

DATE: ....

SCORE: ..../48

<25

\>35

\>45

TO REPEAT: ....
list the examples that
caused you problems
....

1)
$$526 + 134$$

2)
$$437 + 585$$

3)
$$793 + 501$$

4)
$$434 + 172$$

5)
$$666 + 541$$

6)
$$140 + 538$$

7)
$$131 + 755$$

8)
$$112 + 408$$

9)
$$369 + 888$$

10)
$$662 + 976$$

11)
$$493 + 280$$

12)
$$659 + 950$$

13)
$$758 + 140$$

14)
$$528 + 832$$

15)
$$777 + 668$$

16)
$$697 + 494$$

17)
$$259 + 945$$

18)
$$462 + 885$$

19)
$$681 + 227$$

20)
$$269 + 239$$

21)
$$545 + 458$$

22)
$$905 + 931$$

23)
$$484 + 819$$

24)
$$411 + 218$$

25)
$$941 - 646$$

26)
$$980 - 542$$

27)
$$553 - 384$$

28)
$$501 - 356$$

29)
$$490 - 295$$

30)
$$949 - 305$$

31)
$$855 - 853$$

32)
$$926 - 673$$

33)
$$828 - 250$$

34)
$$517 - 465$$

35)
$$892 - 784$$

36)
$$688 - 587$$

37)
$$993 - 178$$

38)
$$689 - 231$$

39)
$$579 - 529$$

40)
$$801 - 136$$

41)
$$899 - 557$$

42)
$$287 - 234$$

43)
$$979 - 745$$

44)
$$670 - 436$$

45)
$$328 - 116$$

46)
$$337 - 300$$

47)
$$910 - 749$$

48)
$$996 - 649$$

DAY 64 - ADDITION AND SUBTRACTION
TRIPLE DIGITS

DATE: ....

SCORE: ..../48

<25

>35

>45

TO REPEAT: ....

list the examples that
caused you problems

....

1)
```
  624
+ 427
```

2)
```
  603
+ 762
```

3)
```
  105
+ 700
```

4)
```
  399
+ 417
```

5)
```
  756
+ 121
```

6)
```
  678
+ 164
```

7)
```
  154
+ 646
```

8)
```
  571
+ 554
```

9)
```
  135
+ 587
```

10)
```
  502
+ 196
```

11)
```
  882
+ 108
```

12)
```
  720
+ 893
```

13)
```
  847
+ 732
```

14)
```
  411
+ 252
```

15)
```
  143
+ 620
```

16)
```
  121
+ 209
```

17)
```
  352
+ 374
```

18)
```
  588
+ 939
```

19)
```
  988
+ 467
```

20)
```
  253
+ 721
```

21)
```
  933
+ 511
```

22)
```
  440
+ 629
```

23)
```
  458
+ 766
```

24)
```
  548
+ 131
```

25)
```
  763
- 631
```

26)
```
  882
- 135
```

27)
```
  686
- 200
```

28)
```
  177
- 139
```

29)
```
  857
- 611
```

30)
```
  898
- 431
```

31)
```
  504
- 234
```

32)
```
  704
- 151
```

33)
```
  614
- 431
```

34)
```
  434
- 285
```

35)
```
  996
- 710
```

36)
```
  986
- 735
```

37)
```
  905
- 812
```

38)
```
  589
- 489
```

39)
```
  776
- 627
```

40)
```
  533
- 213
```

41)
```
  895
- 364
```

42)
```
  668
- 167
```

43)
```
  950
- 116
```

44)
```
  466
- 220
```

45)
```
  615
- 260
```

46)
```
  859
- 505
```

47)
```
  904
- 321
```

48)
```
  186
- 178
```

DAY 65 - ADDITION AND SUBTRACTION
TRIPLE DIGITS

DATE: ....

SCORE: ..../48

<25
>35
>45

TO REPEAT: ....
list the examples that
caused you problems ....

1)
```
  956
+ 118
```

2)
```
  495
+ 211
```

3)
```
  736
+ 333
```

4)
```
  993
+ 377
```

5)
```
  860
+ 135
```

6)
```
  503
+ 786
```

7)
```
  635
+ 745
```

8)
```
  301
+ 665
```

9)
```
  686
+ 162
```

10)
```
  596
+ 213
```

11)
```
  308
+ 886
```

12)
```
  408
+ 326
```

13)
```
  306
+ 757
```

14)
```
  621
+ 559
```

15)
```
  618
+ 865
```

16)
```
  231
+ 185
```

17)
```
  294
+ 695
```

18)
```
  235
+ 672
```

19)
```
  595
+ 443
```

20)
```
  153
+ 553
```

21)
```
  286
+ 925
```

22)
```
  881
+ 827
```

23)
```
  680
+ 819
```

24)
```
  847
+ 937
```

25)
```
  872
- 619
```

26)
```
  618
- 274
```

27)
```
  619
- 369
```

28)
```
  233
- 192
```

29)
```
  469
- 276
```

30)
```
  551
- 116
```

31)
```
  693
- 634
```

32)
```
  320
- 229
```

33)
```
  671
- 321
```

34)
```
  453
- 185
```

35)
```
  922
- 359
```

36)
```
  633
- 220
```

37)
```
  927
- 372
```

38)
```
  883
- 503
```

39)
```
  932
- 118
```

40)
```
  997
- 331
```

41)
```
  682
- 486
```

42)
```
  661
- 524
```

43)
```
  584
- 555
```

44)
```
  999
- 167
```

45)
```
  733
- 225
```

46)
```
  669
- 152
```

47)
```
  842
- 565
```

48)
```
  655
- 620
```

69

DATE: ....

SCORE: ..../48

<25
>35
>45

TO REPEAT: ....
list the examples that
caused you problems
....

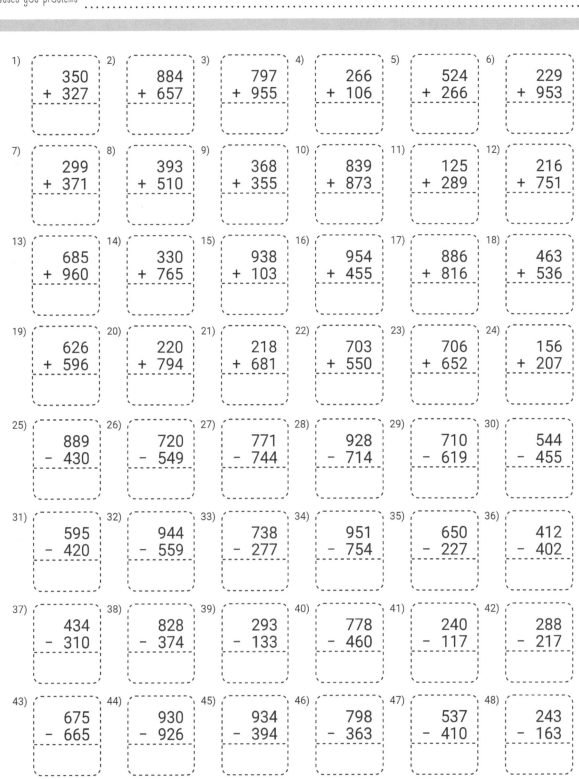

1) 350
  + 327

2) 884
  + 657

3) 797
  + 955

4) 266
  + 106

5) 524
  + 266

6) 229
  + 953

7) 299
  + 371

8) 393
  + 510

9) 368
  + 355

10) 839
   + 873

11) 125
   + 289

12) 216
   + 751

13) 685
   + 960

14) 330
   + 765

15) 938
   + 103

16) 954
   + 455

17) 886
   + 816

18) 463
   + 536

19) 626
   + 596

20) 220
   + 794

21) 218
   + 681

22) 703
   + 550

23) 706
   + 652

24) 156
   + 207

25) 889
   - 430

26) 720
   - 549

27) 771
   - 744

28) 928
   - 714

29) 710
   - 619

30) 544
   - 455

31) 595
   - 420

32) 944
   - 559

33) 738
   - 277

34) 951
   - 754

35) 650
   - 227

36) 412
   - 402

37) 434
   - 310

38) 828
   - 374

39) 293
   - 133

40) 778
   - 460

41) 240
   - 117

42) 288
   - 217

43) 675
   - 665

44) 930
   - 926

45) 934
   - 394

46) 798
   - 363

47) 537
   - 410

48) 243
   - 163

DAY 67 - ADDITION AND SUBTRACTION
TRIPLE DIGITS

SCORE: ..../48

<25

>35

>45

TO REPEAT: ....
list the examples that
caused you problems ....

1)
```
  452
+ 194
```

2)
```
  283
+ 884
```

3)
```
  113
+ 665
```

4)
```
  757
+ 593
```

5)
```
  585
+ 316
```

6)
```
  746
+ 160
```

7)
```
  974
+ 321
```

8)
```
  549
+ 773
```

9)
```
  730
+ 313
```

10)
```
  832
+ 546
```

11)
```
  143
+ 118
```

12)
```
  399
+ 233
```

13)
```
  561
+ 350
```

14)
```
  655
+ 898
```

15)
```
  510
+ 741
```

16)
```
  699
+ 116
```

17)
```
  510
+ 560
```

18)
```
  865
+ 915
```

19)
```
  445
+ 619
```

20)
```
  897
+ 666
```

21)
```
  160
+ 640
```

22)
```
  471
+ 614
```

23)
```
  536
+ 517
```

24)
```
  762
+ 663
```

25)
```
  800
- 547
```

26)
```
  613
- 358
```

27)
```
  530
- 311
```

28)
```
  905
- 269
```

29)
```
  776
- 450
```

30)
```
  914
- 897
```

31)
```
  584
- 359
```

32)
```
  528
- 311
```

33)
```
  942
- 344
```

34)
```
  845
- 237
```

35)
```
  454
- 328
```

36)
```
  583
- 317
```

37)
```
  809
- 347
```

38)
```
  839
- 801
```

39)
```
  481
- 318
```

40)
```
  745
- 577
```

41)
```
  793
- 324
```

42)
```
  912
- 259
```

43)
```
  375
- 175
```

44)
```
  530
- 462
```

45)
```
  794
- 745
```

46)
```
  992
- 267
```

47)
```
  926
- 817
```

48)
```
  520
- 367
```

DAY 68 - ADDITION AND SUBTRACTION
TRIPLE DIGITS

DATE: ....

SCORE: ..../48

<25

>35

>45

TO REPEAT: ....

list the examples that
caused you problems ....

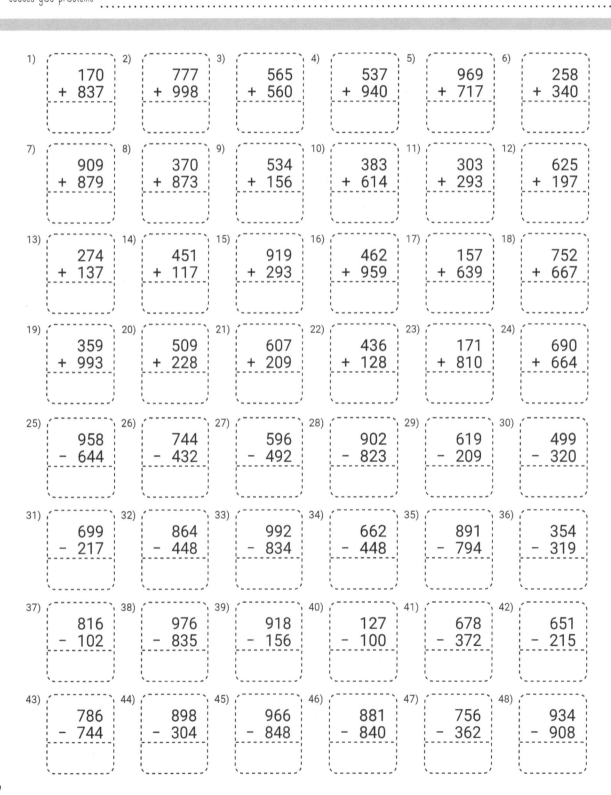

1)
170
+ 837

2)
777
+ 998

3)
565
+ 560

4)
537
+ 940

5)
969
+ 717

6)
258
+ 340

7)
909
+ 879

8)
370
+ 873

9)
534
+ 156

10)
383
+ 614

11)
303
+ 293

12)
625
+ 197

13)
274
+ 137

14)
451
+ 117

15)
919
+ 293

16)
462
+ 959

17)
157
+ 639

18)
752
+ 667

19)
359
+ 993

20)
509
+ 228

21)
607
+ 209

22)
436
+ 128

23)
171
+ 810

24)
690
+ 664

25)
958
- 644

26)
744
- 432

27)
596
- 492

28)
902
- 823

29)
619
- 209

30)
499
- 320

31)
699
- 217

32)
864
- 448

33)
992
- 834

34)
662
- 448

35)
891
- 794

36)
354
- 319

37)
816
- 102

38)
976
- 835

39)
918
- 156

40)
127
- 100

41)
678
- 372

42)
651
- 215

43)
786
- 744

44)
898
- 304

45)
966
- 848

46)
881
- 840

47)
756
- 362

48)
934
- 908

DAY 69 - ADDITION AND SUBTRACTION
TRIPLE DIGITS

DATE: ....

SCORE: ..../48

<25

>35

>45

TO REPEAT: ....
list the examples that
caused you problems

....

1)
```
  438
+ 499
```

2)
```
  610
+ 946
```

3)
```
  120
+ 374
```

4)
```
  103
+ 955
```

5)
```
  710
+ 378
```

6)
```
  996
+ 103
```

7)
```
  283
+ 544
```

8)
```
  129
+ 190
```

9)
```
  430
+ 523
```

10)
```
  586
+ 440
```

11)
```
  101
+ 540
```

12)
```
  623
+ 853
```

13)
```
  375
+ 403
```

14)
```
  337
+ 841
```

15)
```
  270
+ 536
```

16)
```
  900
+ 434
```

17)
```
  259
+ 974
```

18)
```
  530
+ 137
```

19)
```
  115
+ 452
```

20)
```
  456
+ 412
```

21)
```
  852
+ 691
```

22)
```
  622
+ 164
```

23)
```
  215
+ 236
```

24)
```
  356
+ 733
```

25)
```
  431
- 385
```

26)
```
  773
- 678
```

27)
```
  383
- 350
```

28)
```
  940
- 683
```

29)
```
  591
- 492
```

30)
```
  610
- 500
```

31)
```
  616
- 188
```

32)
```
  454
- 163
```

33)
```
  315
- 270
```

34)
```
  865
- 190
```

35)
```
  415
- 114
```

36)
```
  983
- 518
```

37)
```
  480
- 373
```

38)
```
  923
- 374
```

39)
```
  836
- 232
```

40)
```
  976
- 119
```

41)
```
  982
- 415
```

42)
```
  639
- 124
```

43)
```
  662
- 396
```

44)
```
  780
- 621
```

45)
```
  787
- 514
```

46)
```
  401
- 390
```

47)
```
  500
- 186
```

48)
```
  381
- 325
```

DAY 70 - ADDITION AND SUBTRACTION
TRIPLE DIGITS

DATE: ....

SCORE: ..../48

<25

>35

>45

TO REPEAT: ....
list the examples that
caused you problems ....

1)
```
  356
+ 360
```

2)
```
  270
+ 173
```

3)
```
  384
+ 665
```

4)
```
  196
+ 106
```

5)
```
  590
+ 178
```

6)
```
  264
+ 632
```

7)
```
  484
+ 819
```

8)
```
  891
+ 902
```

9)
```
  359
+ 916
```

10)
```
  686
+ 585
```

11)
```
  319
+ 742
```

12)
```
  868
+ 121
```

13)
```
  559
+ 830
```

14)
```
  375
+ 263
```

15)
```
  568
+ 173
```

16)
```
  107
+ 559
```

17)
```
  569
+ 725
```

18)
```
  354
+ 619
```

19)
```
  879
+ 723
```

20)
```
  253
+ 844
```

21)
```
  520
+ 698
```

22)
```
  652
+ 199
```

23)
```
  560
+ 571
```

24)
```
  822
+ 194
```

25)
```
  858
- 783
```

26)
```
  479
- 426
```

27)
```
  279
- 201
```

28)
```
  946
- 878
```

29)
```
  975
- 327
```

30)
```
  600
- 265
```

31)
```
  696
- 459
```

32)
```
  837
- 384
```

33)
```
  945
- 923
```

34)
```
  286
- 179
```

35)
```
  754
- 170
```

36)
```
  890
- 625
```

37)
```
  389
- 371
```

38)
```
  747
- 273
```

39)
```
  600
- 593
```

40)
```
  961
- 776
```

41)
```
  707
- 503
```

42)
```
  910
- 405
```

43)
```
  545
- 316
```

44)
```
  920
- 316
```

45)
```
  570
- 401
```

46)
```
  528
- 440
```

47)
```
  715
- 145
```

48)
```
  567
- 404
```

74

DAY 71 - ADDITION AND SUBTRACTION
TRIPLE DIGITS

DATE: ....

SCORE: ..../48

<25

>35

>45

TO REPEAT: ....

list the examples that
caused you problems

....

1)
```
  766
+ 996
```

2)
```
  805
+ 917
```

3)
```
  339
+ 319
```

4)
```
  797
+ 577
```

5)
```
  847
+ 106
```

6)
```
  888
+ 455
```

7)
```
  491
+ 262
```

8)
```
  218
+ 916
```

9)
```
  830
+ 783
```

10)
```
  463
+ 342
```

11)
```
  101
+ 192
```

12)
```
  948
+ 782
```

13)
```
  641
+ 815
```

14)
```
  531
+ 847
```

15)
```
  599
+ 355
```

16)
```
  211
+ 955
```

17)
```
  986
+ 862
```

18)
```
  737
+ 890
```

19)
```
  368
+ 525
```

20)
```
  144
+ 322
```

21)
```
  409
+ 241
```

22)
```
  485
+ 862
```

23)
```
  638
+ 222
```

24)
```
  247
+ 640
```

25)
```
  452
- 290
```

26)
```
  727
- 392
```

27)
```
  604
- 429
```

28)
```
  587
- 235
```

29)
```
  477
- 468
```

30)
```
  445
- 145
```

31)
```
  717
- 223
```

32)
```
  847
- 377
```

33)
```
  745
- 617
```

34)
```
  561
- 168
```

35)
```
  971
- 305
```

36)
```
  361
- 100
```

37)
```
  960
- 846
```

38)
```
  887
- 780
```

39)
```
  847
- 776
```

40)
```
  950
- 188
```

41)
```
  584
- 366
```

42)
```
  961
- 580
```

43)
```
  912
- 352
```

44)
```
  684
- 148
```

45)
```
  871
- 235
```

46)
```
  468
- 110
```

47)
```
  861
- 115
```

48)
```
  842
- 616
```

75

TRIPLE DIGITS

DATE: ....

SCORE: .... /48

<25

>35

>45

TO REPEAT: ....
list the examples that
caused you problems   ....

1)
```
  278
+ 372
```

2)
```
  769
+ 805
```

3)
```
  254
+ 579
```

4)
```
  541
+ 482
```

5)
```
  158
+ 782
```

6)
```
  771
+ 567
```

7)
```
  699
+ 782
```

8)
```
  619
+ 353
```

9)
```
  243
+ 748
```

10)
```
  450
+ 888
```

11)
```
  536
+ 792
```

12)
```
  341
+ 604
```

13)
```
  248
+ 438
```

14)
```
  763
+ 154
```

15)
```
  934
+ 253
```

16)
```
  794
+ 990
```

17)
```
  930
+ 265
```

18)
```
  575
+ 756
```

19)
```
  631
+ 689
```

20)
```
  248
+ 773
```

21)
```
  713
+ 413
```

22)
```
  735
+ 122
```

23)
```
  500
+ 277
```

24)
```
  346
+ 928
```

25)
```
  464
- 185
```

26)
```
  356
- 204
```

27)
```
  211
- 198
```

28)
```
  524
- 219
```

29)
```
  637
- 216
```

30)
```
  440
- 229
```

31)
```
  560
- 326
```

32)
```
  441
- 363
```

33)
```
  594
- 352
```

34)
```
  927
- 134
```

35)
```
  931
- 523
```

36)
```
  792
- 423
```

37)
```
  599
- 234
```

38)
```
  932
- 214
```

39)
```
  627
- 113
```

40)
```
  556
- 451
```

41)
```
  428
- 211
```

42)
```
  609
- 530
```

43)
```
  370
- 363
```

44)
```
  676
- 407
```

45)
```
  646
- 378
```

46)
```
  679
- 289
```

47)
```
  864
- 371
```

48)
```
  915
- 416
```

DAY 73 - ADDITION AND SUBTRACTION
TRIPLE DIGITS

DATE: ....

SCORE: ..../48

<25

>35

>45

TO REPEAT: ....
list the examples that
caused you problems ....

1)
```
  509
+ 822
```

2)
```
  623
+ 240
```

3)
```
  352
+ 354
```

4)
```
  371
+ 561
```

5)
```
  940
+ 170
```

6)
```
  233
+ 899
```

7)
```
  809
+ 245
```

8)
```
  131
+ 345
```

9)
```
  825
+ 432
```

10)
```
  716
+ 691
```

11)
```
  756
+ 239
```

12)
```
  797
+ 453
```

13)
```
  341
+ 371
```

14)
```
  629
+ 524
```

15)
```
  439
+ 446
```

16)
```
  353
+ 419
```

17)
```
  380
+ 133
```

18)
```
  550
+ 344
```

19)
```
  844
+ 477
```

20)
```
  855
+ 516
```

21)
```
  268
+ 255
```

22)
```
  763
+ 290
```

23)
```
  634
+ 233
```

24)
```
  217
+ 962
```

25)
```
  873
- 205
```

26)
```
  777
- 612
```

27)
```
  521
- 305
```

28)
```
  293
- 219
```

29)
```
  471
- 439
```

30)
```
  925
- 667
```

31)
```
  241
- 133
```

32)
```
  675
- 166
```

33)
```
  472
- 119
```

34)
```
  800
- 241
```

35)
```
  515
- 254
```

36)
```
  995
- 737
```

37)
```
  702
- 169
```

38)
```
  580
- 247
```

39)
```
  933
- 547
```

40)
```
  948
- 803
```

41)
```
  501
- 462
```

42)
```
  973
- 641
```

43)
```
  980
- 341
```

44)
```
  838
- 614
```

45)
```
  914
- 212
```

46)
```
  948
- 365
```

47)
```
  379
- 158
```

48)
```
  645
- 294
```

DAY 74 - ADDITION AND SUBTRACTION
TRIPLE DIGITS

DATE: ....

SCORE: ..../48

<25

>35

>45

TO REPEAT: ....

list the examples that
caused you problems

....

1)
```
  147
+ 875
```

2)
```
  695
+ 763
```

3)
```
  451
+ 895
```

4)
```
  831
+ 121
```

5)
```
  890
+ 663
```

6)
```
  466
+ 654
```

7)
```
  250
+ 568
```

8)
```
  603
+ 923
```

9)
```
  117
+ 645
```

10)
```
  267
+ 815
```

11)
```
  180
+ 961
```

12)
```
  964
+ 404
```

13)
```
  963
+ 332
```

14)
```
  326
+ 443
```

15)
```
  481
+ 450
```

16)
```
  123
+ 843
```

17)
```
  458
+ 496
```

18)
```
  336
+ 247
```

19)
```
  497
+ 805
```

20)
```
  273
+ 484
```

21)
```
  382
+ 379
```

22)
```
  777
+ 300
```

23)
```
  155
+ 264
```

24)
```
  762
+ 726
```

25)
```
  296
- 211
```

26)
```
  675
- 358
```

27)
```
  525
- 149
```

28)
```
  949
- 527
```

29)
```
  789
- 574
```

30)
```
  504
- 110
```

31)
```
  540
- 492
```

32)
```
  890
- 861
```

33)
```
  933
- 494
```

34)
```
  698
- 452
```

35)
```
  466
- 172
```

36)
```
  663
- 492
```

37)
```
  703
- 547
```

38)
```
  978
- 733
```

39)
```
  475
- 274
```

40)
```
  580
- 116
```

41)
```
  908
- 569
```

42)
```
  646
- 633
```

43)
```
  585
- 100
```

44)
```
  621
- 247
```

45)
```
  685
- 187
```

46)
```
  270
- 226
```

47)
```
  852
- 503
```

48)
```
  972
- 904
```

DAY 75 - ADDITION AND SUBTRACTION
TRIPLE DIGITS

DATE: ....

SCORE: ..../48

<25
>35
>45

TO REPEAT: ....
list the examples that
caused you problems ....

1)
```
  695
+ 102
```

2)
```
  351
+ 788
```

3)
```
  367
+ 392
```

4)
```
  419
+ 451
```

5)
```
  119
+ 924
```

6)
```
  245
+ 677
```

7)
```
  489
+ 858
```

8)
```
  352
+ 394
```

9)
```
  430
+ 900
```

10)
```
  760
+ 294
```

11)
```
  525
+ 337
```

12)
```
  622
+ 644
```

13)
```
  797
+ 591
```

14)
```
  756
+ 166
```

15)
```
  423
+ 462
```

16)
```
  926
+ 286
```

17)
```
  529
+ 156
```

18)
```
  915
+ 369
```

19)
```
  144
+ 509
```

20)
```
  743
+ 127
```

21)
```
  764
+ 460
```

22)
```
  610
+ 292
```

23)
```
  749
+ 560
```

24)
```
  817
+ 486
```

25)
```
  842
- 206
```

26)
```
  513
- 494
```

27)
```
  719
- 127
```

28)
```
  847
- 302
```

29)
```
  975
- 930
```

30)
```
  543
- 466
```

31)
```
  738
- 369
```

32)
```
  762
- 153
```

33)
```
  250
- 242
```

34)
```
  828
- 690
```

35)
```
  598
- 257
```

36)
```
  671
- 419
```

37)
```
  651
- 407
```

38)
```
  796
- 137
```

39)
```
  168
- 150
```

40)
```
  818
- 784
```

41)
```
  616
- 521
```

42)
```
  810
- 698
```

43)
```
  779
- 573
```

44)
```
  408
- 305
```

45)
```
  620
- 194
```

46)
```
  733
- 616
```

47)
```
  376
- 297
```

48)
```
  415
- 315
```

79

DAY 76 - ADDITION AND SUBTRACTION
TRIPLE DIGITS

DATE: ....

SCORE: ..../48

<25
>35
>45

TO REPEAT: ....
list the examples that
caused you problems ....

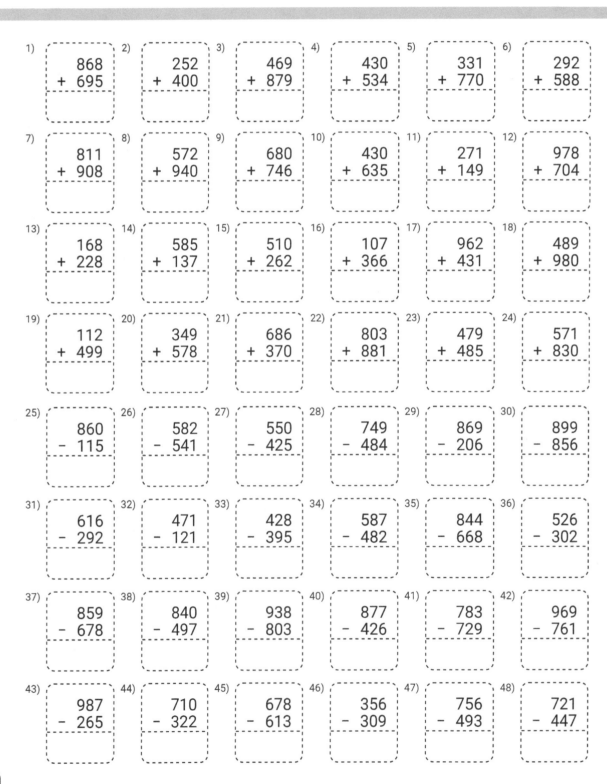

1) 868
  + 695

2) 252
  + 400

3) 469
  + 879

4) 430
  + 534

5) 331
  + 770

6) 292
  + 588

7) 811
  + 908

8) 572
  + 940

9) 680
  + 746

10) 430
   + 635

11) 271
   + 149

12) 978
   + 704

13) 168
   + 228

14) 585
   + 137

15) 510
   + 262

16) 107
   + 366

17) 962
   + 431

18) 489
   + 980

19) 112
   + 499

20) 349
   + 578

21) 686
   + 370

22) 803
   + 881

23) 479
   + 485

24) 571
   + 830

25) 860
   - 115

26) 582
   - 541

27) 550
   - 425

28) 749
   - 484

29) 869
   - 206

30) 899
   - 856

31) 616
   - 292

32) 471
   - 121

33) 428
   - 395

34) 587
   - 482

35) 844
   - 668

36) 526
   - 302

37) 859
   - 678

38) 840
   - 497

39) 938
   - 803

40) 877
   - 426

41) 783
   - 729

42) 969
   - 761

43) 987
   - 265

44) 710
   - 322

45) 678
   - 613

46) 356
   - 309

47) 756
   - 493

48) 721
   - 447

80

DAY 77 - ADDITION AND SUBTRACTION
TRIPLE DIGITS

DATE: ....

SCORE: ..../48

<25

>35

>45

TO REPEAT: ....
list the examples that
caused you problems
....

1)
247
+ 300

2)
726
+ 740

3)
975
+ 608

4)
737
+ 695

5)
231
+ 303

6)
125
+ 843

7)
640
+ 303

8)
237
+ 972

9)
851
+ 288

10)
664
+ 943

11)
587
+ 519

12)
459
+ 720

13)
380
+ 232

14)
973
+ 592

15)
566
+ 356

16)
633
+ 771

17)
471
+ 680

18)
412
+ 455

19)
210
+ 408

20)
920
+ 157

21)
894
+ 637

22)
678
+ 105

23)
110
+ 130

24)
291
+ 167

25)
943
- 375

26)
504
- 189

27)
889
- 134

28)
501
- 210

29)
997
- 161

30)
754
- 154

31)
536
- 251

32)
656
- 190

33)
983
- 810

34)
930
- 413

35)
365
- 139

36)
947
- 730

37)
847
- 672

38)
958
- 651

39)
676
- 216

40)
736
- 362

41)
232
- 127

42)
769
- 710

43)
688
- 557

44)
702
- 376

45)
672
- 626

46)
506
- 337

47)
448
- 331

48)
797
- 512

DAY 78 - ADDITION AND SUBTRACTION
TRIPLE DIGITS

DATE: ....

SCORE: ..../48

<25
>35
>45

TO REPEAT: ....
list the examples that
caused you problems   ....

1)   225
   + 306

2)   197
   + 996

3)   511
   + 171

4)   456
   + 766

5)   715
   + 327

6)   905
   + 495

7)   950
   + 351

8)   877
   + 345

9)   916
   + 922

10)   134
   + 410

11)   989
   + 518

12)   194
   + 356

13)   497
   + 499

14)   448
   + 846

15)   887
   + 722

16)   866
   + 756

17)   285
   + 188

18)   932
   + 377

19)   913
   + 554

20)   987
   + 993

21)   626
   + 718

22)   882
   + 876

23)   983
   + 944

24)   923
   + 396

25)   513
   - 183

26)   990
   - 203

27)   901
   - 776

28)   603
   - 268

29)   646
   - 453

30)   803
   - 784

31)   820
   - 663

32)   965
   - 730

33)   735
   - 549

34)   950
   - 114

35)   635
   - 537

36)   830
   - 753

37)   221
   - 169

38)   903
   - 420

39)   790
   - 510

40)   483
   - 121

41)   969
   - 608

42)   400
   - 172

43)   879
   - 634

44)   606
   - 155

45)   950
   - 905

46)   659
   - 320

47)   975
   - 811

48)   552
   - 216

DAY 79 - ADDITION AND SUBTRACTION
TRIPLE DIGITS

DATE: ....

SCORE: ..../48

<25
>35
>45

TO REPEAT: ....
list the examples that
caused you problems ....

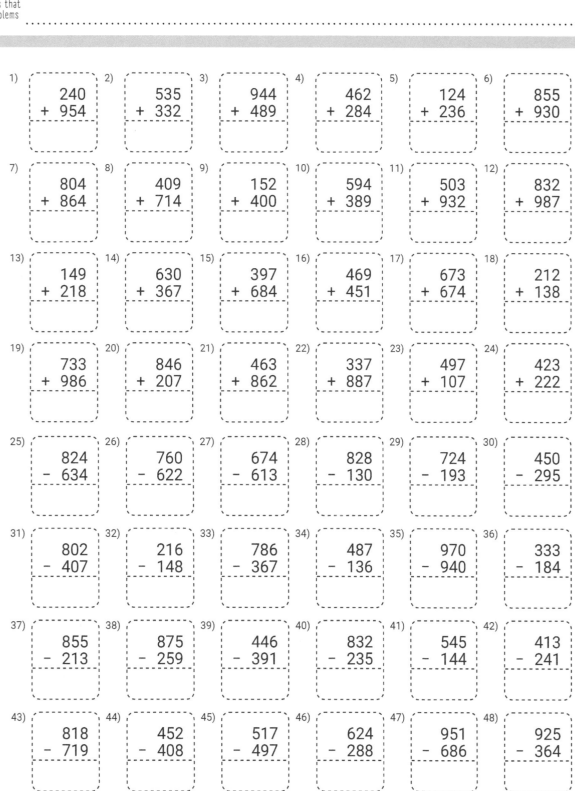

1)
```
   240
 + 954
```

2)
```
   535
 + 332
```

3)
```
   944
 + 489
```

4)
```
   462
 + 284
```

5)
```
   124
 + 236
```

6)
```
   855
 + 930
```

7)
```
   804
 + 864
```

8)
```
   409
 + 714
```

9)
```
   152
 + 400
```

10)
```
   594
 + 389
```

11)
```
   503
 + 932
```

12)
```
   832
 + 987
```

13)
```
   149
 + 218
```

14)
```
   630
 + 367
```

15)
```
   397
 + 684
```

16)
```
   469
 + 451
```

17)
```
   673
 + 674
```

18)
```
   212
 + 138
```

19)
```
   733
 + 986
```

20)
```
   846
 + 207
```

21)
```
   463
 + 862
```

22)
```
   337
 + 887
```

23)
```
   497
 + 107
```

24)
```
   423
 + 222
```

25)
```
   824
 - 634
```

26)
```
   760
 - 622
```

27)
```
   674
 - 613
```

28)
```
   828
 - 130
```

29)
```
   724
 - 193
```

30)
```
   450
 - 295
```

31)
```
   802
 - 407
```

32)
```
   216
 - 148
```

33)
```
   786
 - 367
```

34)
```
   487
 - 136
```

35)
```
   970
 - 940
```

36)
```
   333
 - 184
```

37)
```
   855
 - 213
```

38)
```
   875
 - 259
```

39)
```
   446
 - 391
```

40)
```
   832
 - 235
```

41)
```
   545
 - 144
```

42)
```
   413
 - 241
```

43)
```
   818
 - 719
```

44)
```
   452
 - 408
```

45)
```
   517
 - 497
```

46)
```
   624
 - 288
```

47)
```
   951
 - 686
```

48)
```
   925
 - 364
```

DAY 80 - ADDITION AND SUBTRACTION
TRIPLE DIGITS

DATE: ....

SCORE: ..../48

<25

>35

>45

TO REPEAT: ....
list the examples that
caused you problems ....

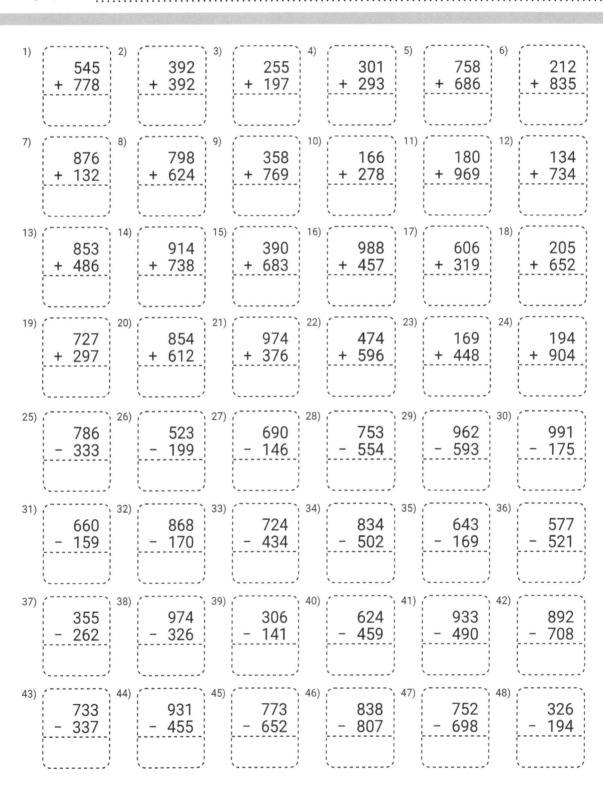

1)
545
+ 778

2)
392
+ 392

3)
255
+ 197

4)
301
+ 293

5)
758
+ 686

6)
212
+ 835

7)
876
+ 132

8)
798
+ 624

9)
358
+ 769

10)
166
+ 278

11)
180
+ 969

12)
134
+ 734

13)
853
+ 486

14)
914
+ 738

15)
390
+ 683

16)
988
+ 457

17)
606
+ 319

18)
205
+ 652

19)
727
+ 297

20)
854
+ 612

21)
974
+ 376

22)
474
+ 596

23)
169
+ 448

24)
194
+ 904

25)
786
- 333

26)
523
- 199

27)
690
- 146

28)
753
- 554

29)
962
- 593

30)
991
- 175

31)
660
- 159

32)
868
- 170

33)
724
- 434

34)
834
- 502

35)
643
- 169

36)
577
- 521

37)
355
- 262

38)
974
- 326

39)
306
- 141

40)
624
- 459

41)
933
- 490

42)
892
- 708

43)
733
- 337

44)
931
- 455

45)
773
- 652

46)
838
- 807

47)
752
- 698

48)
326
- 194

DAY 81 – ADDITION AND SUBTRACTION
TRIPLE DIGITS AND MORE

DATE: ....

SCORE: ..../48

<25

>35

>45

TO REPEAT: ....
list the examples that
caused you problems ....

1)
```
  5271
+  404
```

2)
```
  1234
+  510
```

3)
```
  4335
+  751
```

4)
```
  5541
+  960
```

5)
```
  1335
+  347
```

6)
```
  2068
+  736
```

7)
```
  3194
+  948
```

8)
```
  5281
+  128
```

9)
```
  2861
+  625
```

10)
```
  4199
+  151
```

11)
```
  1407
+  587
```

12)
```
  5345
+  246
```

13)
```
  2423
+  721
```

14)
```
  3442
+  619
```

15)
```
  4630
+  271
```

16)
```
  4855
+  707
```

17)
```
  1701
+  498
```

18)
```
  6176
+  923
```

19)
```
  3281
+  779
```

20)
```
  1104
+  136
```

21)
```
  7616
+  805
```

22)
```
  3064
+  772
```

23)
```
  4703
+  168
```

24)
```
  4437
+  538
```

25)
```
  7098
-  336
```

26)
```
  7188
-  707
```

27)
```
  4737
-  953
```

28)
```
  8611
-  405
```

29)
```
  5716
-  306
```

30)
```
  1277
-  924
```

31)
```
  4276
-  391
```

32)
```
  1066
-  528
```

33)
```
  6863
-  671
```

34)
```
  7114
-  349
```

35)
```
  4182
-  994
```

36)
```
  7144
-  684
```

37)
```
  8422
-  855
```

38)
```
  2774
-  892
```

39)
```
  3281
-  464
```

40)
```
  2248
-  381
```

41)
```
  7180
-  102
```

42)
```
  4782
-  748
```

43)
```
  1415
-  347
```

44)
```
  6072
-  196
```

45)
```
  9591
-  765
```

46)
```
  1772
-  266
```

47)
```
  1676
-  424
```

48)
```
  1464
-  486
```

DAY 82 - ADDITION AND SUBTRACTION
TRIPLE DIGITS AND MORE

DATE: ....

SCORE: ..../48

<25

>35

>45

TO REPEAT: ....
list the examples that
caused you problems   ....

1)
```
  5972
+  714
```

2)
```
  2222
+  297
```

3)
```
  3696
+  190
```

4)
```
  1485
+  406
```

5)
```
  8823
+  663
```

6)
```
  8069
+  846
```

7)
```
  2431
+  611
```

8)
```
  5624
+  580
```

9)
```
  4744
+  478
```

10)
```
  1560
+  791
```

11)
```
  3802
+  876
```

12)
```
  4252
+  445
```

13)
```
  2767
+  960
```

14)
```
  4382
+  233
```

15)
```
  7584
+  875
```

16)
```
  3370
+  260
```

17)
```
  9458
+  889
```

18)
```
  4578
+  567
```

19)
```
  8579
+  352
```

20)
```
  7410
+  967
```

21)
```
  4355
+  199
```

22)
```
  9566
+  382
```

23)
```
  4061
+  443
```

24)
```
  4395
+  843
```

25)
```
  6801
-  103
```

26)
```
  2752
-  106
```

27)
```
  6593
-  341
```

28)
```
  5985
-  215
```

29)
```
  4117
-  279
```

30)
```
  1276
-  162
```

31)
```
  2275
-  668
```

32)
```
  3159
-  683
```

33)
```
  3935
-  230
```

34)
```
  6517
-  238
```

35)
```
  6329
-  915
```

36)
```
  4786
-  119
```

37)
```
  4628
-  338
```

38)
```
  7052
-  960
```

39)
```
  4095
-  427
```

40)
```
  8830
-  239
```

41)
```
  6773
-  482
```

42)
```
  7993
-  114
```

43)
```
  3435
-  139
```

44)
```
  5676
-  238
```

45)
```
  7719
-  834
```

46)
```
  9580
-  621
```

47)
```
  7091
-  247
```

48)
```
  2724
-  343
```

DAY 83 - ADDITION AND SUBTRACTION
TRIPLE DIGITS AND MORE

DATE: ....

SCORE: ..../48

<25
>35
>45

TO REPEAT: ....
list the examples that
caused you problems
....

1)
```
  5908
+  453
```

2)
```
  4629
+  633
```

3)
```
  3357
+  115
```

4)
```
  5582
+  305
```

5)
```
  5494
+  158
```

6)
```
  1573
+  516
```

7)
```
  6860
+  819
```

8)
```
  9468
+  831
```

9)
```
  5818
+  972
```

10)
```
  4979
+  691
```

11)
```
  4202
+  844
```

12)
```
  9060
+  956
```

13)
```
  7729
+  546
```

14)
```
  1424
+  880
```

15)
```
  1164
+  767
```

16)
```
  1123
+  104
```

17)
```
  8540
+  918
```

18)
```
  6472
+  670
```

19)
```
  9575
+  565
```

20)
```
  6463
+  622
```

21)
```
  6643
+  454
```

22)
```
  1038
+  419
```

23)
```
  2464
+  984
```

24)
```
  9204
+  763
```

25)
```
  9754
-  528
```

26)
```
  7701
-  799
```

27)
```
  8535
-  156
```

28)
```
  7287
-  291
```

29)
```
  2814
-  892
```

30)
```
  8724
-  282
```

31)
```
  1209
-  332
```

32)
```
  7188
-  783
```

33)
```
  8182
-  280
```

34)
```
  2747
-  261
```

35)
```
  9098
-  296
```

36)
```
  7367
-  922
```

37)
```
  8276
-  771
```

38)
```
  4573
-  839
```

39)
```
  9646
-  196
```

40)
```
  5104
-  175
```

41)
```
  5356
-  922
```

42)
```
  8895
-  453
```

43)
```
  5720
-  519
```

44)
```
  7699
-  841
```

45)
```
  8398
-  216
```

46)
```
  8992
-  997
```

47)
```
  9911
-  665
```

48)
```
  8745
-  680
```

DAY 84 - ADDITION AND SUBTRACTION
TRIPLE DIGITS AND MORE

1)
```
  8642
+  985
```

2)
```
  6825
+  910
```

3)
```
  1917
+  580
```

4)
```
  2434
+  939
```

5)
```
  8130
+  936
```

6)
```
  2895
+  226
```

7)
```
  1085
+  316
```

8)
```
  5554
+  992
```

9)
```
  4721
+  303
```

10)
```
  9522
+  664
```

11)
```
  6252
+  759
```

12)
```
  6091
+  600
```

13)
```
  6270
+  682
```

14)
```
  4898
+  858
```

15)
```
  5548
+  943
```

16)
```
  3161
+  760
```

17)
```
  2476
+  935
```

18)
```
  6669
+  456
```

19)
```
  6939
+  668
```

20)
```
  1336
+  176
```

21)
```
  6568
+  308
```

22)
```
  2538
+  901
```

23)
```
  9945
+  461
```

24)
```
  9732
+  840
```

25)
```
  9362
-  460
```

26)
```
  6115
-  724
```

27)
```
  7219
-  254
```

28)
```
  9820
-  114
```

29)
```
  1222
-  393
```

30)
```
  7401
-  372
```

31)
```
  5582
-  538
```

32)
```
  4798
-  851
```

33)
```
  1631
-  705
```

34)
```
  8014
-  774
```

35)
```
  3593
-  474
```

36)
```
  2731
-  830
```

37)
```
  1932
-  800
```

38)
```
  1709
-  772
```

39)
```
  3471
-  257
```

40)
```
  8381
-  169
```

41)
```
  7511
-  396
```

42)
```
  6040
-  360
```

43)
```
  1399
-  338
```

44)
```
  2961
-  584
```

45)
```
  9537
-  260
```

46)
```
  7710
-  650
```

47)
```
  2306
-  654
```

48)
```
  1500
-  565
```

DAY 85 - ADDITION AND SUBTRACTION
TRIPLE DIGITS AND MORE

DATE: ....

SCORE: .... /48

<25

>35

>45

TO REPEAT: ....
list the examples that
caused you problems ....

1)
```
  4287
+  147
```

2)
```
  4500
+  648
```

3)
```
  2938
+  594
```

4)
```
  3855
+  887
```

5)
```
  9684
+  927
```

6)
```
  4966
+  731
```

7)
```
  7498
+  716
```

8)
```
  6080
+  957
```

9)
```
  4603
+  944
```

10)
```
  6243
+  276
```

11)
```
  8271
+  501
```

12)
```
  3660
+  313
```

13)
```
  1792
+  969
```

14)
```
  9287
+  132
```

15)
```
  8039
+  381
```

16)
```
  6971
+  269
```

17)
```
  9823
+  447
```

18)
```
  1799
+  729
```

19)
```
  9896
+  925
```

20)
```
  8357
+  919
```

21)
```
  2739
+  482
```

22)
```
  9377
+  406
```

23)
```
  1753
+  588
```

24)
```
  3704
+  420
```

25)
```
  9052
-  813
```

26)
```
  3139
-  453
```

27)
```
  5971
-  222
```

28)
```
  5182
-  365
```

29)
```
  9303
-  370
```

30)
```
  4240
-  216
```

31)
```
  7927
-  150
```

32)
```
  1694
-  201
```

33)
```
  5917
-  342
```

34)
```
  7929
-  786
```

35)
```
  2405
-  642
```

36)
```
  2545
-  729
```

37)
```
  9707
-  428
```

38)
```
  4548
-  220
```

39)
```
  9770
-  214
```

40)
```
  7213
-  141
```

41)
```
  7260
-  762
```

42)
```
  3578
-  237
```

43)
```
  7594
-  902
```

44)
```
  9691
-  799
```

45)
```
  3620
-  975
```

46)
```
  2715
-  740
```

47)
```
  7057
-  369
```

48)
```
  3625
-  656
```

DAY 86 - ADDITION AND SUBTRACTION
TRIPLE DIGITS AND MORE

DATE: ....

SCORE: ..../48

<25

>35

>45

TO REPEAT: ....
list the examples that
caused you problems
....

1)
```
  1217
+  692
```

2)
```
  2984
+  443
```

3)
```
  8037
+  477
```

4)
```
  7877
+  349
```

5)
```
  2128
+  766
```

6)
```
  9472
+  384
```

7)
```
  5112
+  586
```

8)
```
  8657
+  807
```

9)
```
  7081
+  737
```

10)
```
  4438
+  361
```

11)
```
  5371
+  438
```

12)
```
  2853
+  191
```

13)
```
  1261
+  575
```

14)
```
  8664
+  821
```

15)
```
  4708
+  637
```

16)
```
  3216
+  457
```

17)
```
  7684
+  701
```

18)
```
  4751
+  952
```

19)
```
  5099
+  100
```

20)
```
  1714
+  840
```

21)
```
  1405
+  423
```

22)
```
  4229
+  836
```

23)
```
  7751
+  931
```

24)
```
  1084
+  967
```

25)
```
  4288
-  692
```

26)
```
  6462
-  467
```

27)
```
  6295
-  938
```

28)
```
  8290
-  236
```

29)
```
  4821
-  986
```

30)
```
  3422
-  939
```

31)
```
  5554
-  889
```

32)
```
  9297
-  997
```

33)
```
  7872
-  364
```

34)
```
  4646
-  741
```

35)
```
  5664
-  344
```

36)
```
  6603
-  706
```

37)
```
  1172
-  575
```

38)
```
  8344
-  210
```

39)
```
  4018
-  709
```

40)
```
  4483
-  791
```

41)
```
  7777
-  717
```

42)
```
  2626
-  828
```

43)
```
  7643
-  261
```

44)
```
  1145
-  612
```

45)
```
  3089
-  721
```

46)
```
  3858
-  275
```

47)
```
  5729
-  127
```

48)
```
  9816
-  707
```

DAY 87 - ADDITION AND SUBTRACTION
TRIPLE DIGITS AND MORE

DATE: ....

SCORE: ..../48

<25

>35

>45

TO REPEAT: ....

list the examples that
caused you problems

....

1)
```
  2901
+  379
```

2)
```
  7520
+  392
```

3)
```
  7663
+  366
```

4)
```
  3959
+  957
```

5)
```
  8143
+  465
```

6)
```
  3699
+  509
```

7)
```
  3820
+  267
```

8)
```
  7697
+  811
```

9)
```
  2636
+  913
```

10)
```
  5136
+  460
```

11)
```
  3636
+  812
```

12)
```
  7559
+  472
```

13)
```
  1784
+  615
```

14)
```
  8512
+  783
```

15)
```
  5949
+  138
```

16)
```
  3805
+  896
```

17)
```
  3062
+  333
```

18)
```
  9680
+  506
```

19)
```
  2631
+  247
```

20)
```
  2458
+  522
```

21)
```
  7185
+  418
```

22)
```
  1201
+  953
```

23)
```
  7796
+  967
```

24)
```
  2805
+  220
```

25)
```
  8356
-  337
```

26)
```
  5137
-  922
```

27)
```
  2419
-  895
```

28)
```
  1097
-  796
```

29)
```
  5544
-  626
```

30)
```
  9442
-  435
```

31)
```
  9292
-  264
```

32)
```
  7022
-  401
```

33)
```
  6363
-  155
```

34)
```
  2232
-  729
```

35)
```
  4824
-  576
```

36)
```
  8584
-  948
```

37)
```
  1779
-  993
```

38)
```
  7193
-  677
```

39)
```
  4899
-  611
```

40)
```
  9627
-  955
```

41)
```
  1656
-  310
```

42)
```
  3424
-  820
```

43)
```
  2116
-  743
```

44)
```
  4204
-  970
```

45)
```
  8833
-  895
```

46)
```
  5719
-  767
```

47)
```
  2875
-  600
```

48)
```
  9914
-  134
```

DAY 88 – ADDITION AND SUBTRACTION
TRIPLE DIGITS AND MORE

TO REPEAT: ....
list the examples that
caused you problems
....

1)
```
  4692
+  977
```

2)
```
  1039
+  697
```

3)
```
  8792
+  861
```

4)
```
  5033
+  200
```

5)
```
  9430
+  619
```

6)
```
  6093
+  780
```

7)
```
  9558
+  352
```

8)
```
  2840
+  340
```

9)
```
  6900
+  599
```

10)
```
  6216
+  790
```

11)
```
  8042
+  995
```

12)
```
  2835
+  625
```

13)
```
  9475
+  779
```

14)
```
  4011
+  299
```

15)
```
  4436
+  282
```

16)
```
  4997
+  636
```

17)
```
  9284
+  919
```

18)
```
  4262
+  381
```

19)
```
  2073
+  277
```

20)
```
  5323
+  605
```

21)
```
  9548
+  712
```

22)
```
  6737
+  933
```

23)
```
  7319
+  423
```

24)
```
  7963
+  937
```

25)
```
  2902
-  774
```

26)
```
  6913
-  684
```

27)
```
  3466
-  618
```

28)
```
  9844
-  555
```

29)
```
  5343
-  485
```

30)
```
  4661
-  191
```

31)
```
  5969
-  866
```

32)
```
  3196
-  883
```

33)
```
  1319
-  386
```

34)
```
  7550
-  633
```

35)
```
  3924
-  266
```

36)
```
  9253
-  151
```

37)
```
  4812
-  541
```

38)
```
  6398
-  357
```

39)
```
  1795
-  887
```

40)
```
  1535
-  755
```

41)
```
  4203
-  973
```

42)
```
  6116
-  687
```

43)
```
  9440
-  112
```

44)
```
  1019
-  958
```

45)
```
  1300
-  447
```

46)
```
  7760
-  170
```

47)
```
  3087
-  925
```

48)
```
  9048
-  444
```

DAY 89 - ADDITION AND SUBTRACTION
TRIPLE DIGITS AND MORE

DATE: ....

SCORE: ..../48

<25

>35

>45

TO REPEAT: ....

list the examples that
caused you problems

....

1)
```
  8263
+  700
```

2)
```
  2260
+  386
```

3)
```
  2318
+  590
```

4)
```
  7755
+  294
```

5)
```
  4992
+  569
```

6)
```
  7069
+  643
```

7)
```
  6481
+  854
```

8)
```
  2789
+  929
```

9)
```
  7202
+  436
```

10)
```
  5870
+  379
```

11)
```
  8839
+  305
```

12)
```
  4807
+  129
```

13)
```
  4655
+  680
```

14)
```
  7683
+  501
```

15)
```
  3895
+  529
```

16)
```
  9188
+  413
```

17)
```
  3078
+  725
```

18)
```
  1237
+  869
```

19)
```
  9945
+  973
```

20)
```
  6981
+  279
```

21)
```
  5120
+  541
```

22)
```
  5170
+  994
```

23)
```
  7312
+  532
```

24)
```
  5207
+  857
```

25)
```
  3252
-  903
```

26)
```
  5216
-  413
```

27)
```
  1377
-  478
```

28)
```
  9448
-  617
```

29)
```
  4867
-  894
```

30)
```
  6373
-  347
```

31)
```
  9896
-  139
```

32)
```
  3332
-  332
```

33)
```
  5902
-  515
```

34)
```
  3627
-  671
```

35)
```
  6062
-  312
```

36)
```
  6067
-  299
```

37)
```
  9639
-  946
```

38)
```
  9943
-  909
```

39)
```
  2638
-  653
```

40)
```
  5368
-  644
```

41)
```
  8399
-  218
```

42)
```
  2839
-  831
```

43)
```
  4133
-  231
```

44)
```
  4793
-  325
```

45)
```
  1023
-  762
```

46)
```
  7459
-  310
```

47)
```
  1779
-  416
```

48)
```
  7386
-  177
```

DAY 90 - ADDITION AND SUBTRACTION
TRIPLE DIGITS AND MORE

DATE: ....

SCORE: ..../48

<25
>35
>45

TO REPEAT: ....
list the examples that
caused you problems ....

1)
```
  5147
+  776
```

2)
```
  4733
+  314
```

3)
```
  7052
+  742
```

4)
```
  3613
+  641
```

5)
```
  6054
+  718
```

6)
```
  6715
+  375
```

7)
```
  5321
+  148
```

8)
```
  5814
+  169
```

9)
```
  4343
+  813
```

10)
```
  1869
+  988
```

11)
```
  6218
+  776
```

12)
```
  9198
+  660
```

13)
```
  1002
+  364
```

14)
```
  6606
+  639
```

15)
```
  3255
+  853
```

16)
```
  7291
+  661
```

17)
```
  7900
+  249
```

18)
```
  9631
+  721
```

19)
```
  6613
+  293
```

20)
```
  5966
+  618
```

21)
```
  1592
+  137
```

22)
```
  9288
+  188
```

23)
```
  7919
+  283
```

24)
```
  6082
+  141
```

25)
```
  5349
-  436
```

26)
```
  4800
-  975
```

27)
```
  1811
-  414
```

28)
```
  5020
-  683
```

29)
```
  6027
-  109
```

30)
```
  6740
-  842
```

31)
```
  4480
-  247
```

32)
```
  7568
-  580
```

33)
```
  9805
-  127
```

34)
```
  8213
-  798
```

35)
```
  3270
-  458
```

36)
```
  1290
-  684
```

37)
```
  9829
-  473
```

38)
```
  4998
-  694
```

39)
```
  7388
-  466
```

40)
```
  4331
-  595
```

41)
```
  5621
-  659
```

42)
```
  7652
-  159
```

43)
```
  1986
-  466
```

44)
```
  2636
-  311
```

45)
```
  5609
-  322
```

46)
```
  7995
-  160
```

47)
```
  2343
-  495
```

48)
```
  3028
-  589
```

DAY 91 - ADDITION AND SUBTRACTION
TRIPLE DIGITS AND MORE

DATE: ....

SCORE: ..../48

<25
>35
>45

TO REPEAT: ....
list the examples that
caused you problems
....

1)
```
  4743
+  961
```

2)
```
  9398
+  757
```

3)
```
  4798
+  179
```

4)
```
  2590
+  152
```

5)
```
  7237
+  217
```

6)
```
  8706
+  210
```

7)
```
  5174
+  583
```

8)
```
  2250
+  523
```

9)
```
  8920
+  887
```

10)
```
  4197
+  209
```

11)
```
  3508
+  931
```

12)
```
  3400
+  136
```

13)
```
  9412
+  822
```

14)
```
  6145
+  507
```

15)
```
  8292
+  631
```

16)
```
  9927
+  407
```

17)
```
  3759
+  867
```

18)
```
  9603
+  689
```

19)
```
  1981
+  549
```

20)
```
  6131
+  313
```

21)
```
  7126
+  422
```

22)
```
  8751
+  181
```

23)
```
  8974
+  792
```

24)
```
  8755
+  772
```

25)
```
  4346
-  545
```

26)
```
  2354
-  707
```

27)
```
  8244
-  542
```

28)
```
  9535
-  610
```

29)
```
  2198
-  153
```

30)
```
  1960
-  263
```

31)
```
  3063
-  641
```

32)
```
  4111
-  403
```

33)
```
  9207
-  957
```

34)
```
  1051
-  701
```

35)
```
  5057
-  900
```

36)
```
  9394
-  304
```

37)
```
  5357
-  243
```

38)
```
  7359
-  849
```

39)
```
  7001
-  423
```

40)
```
  6792
-  902
```

41)
```
  1017
-  799
```

42)
```
  4360
-  493
```

43)
```
  8109
-  135
```

44)
```
  6408
-  835
```

45)
```
  4049
-  259
```

46)
```
  5041
-  276
```

47)
```
  1410
-  649
```

48)
```
  4309
-  333
```

DAY 92 - ADDITION AND SUBTRACTION
TRIPLE DIGITS AND MORE

DATE: ....

SCORE: ..../48

TO REPEAT: ....
list the examples that
caused you problems ....

1) 9637 + 809	2) 4737 + 820	3) 5580 + 801	4) 1707 + 760	5) 4121 + 343	6) 2169 + 155
7) 5413 + 181	8) 9302 + 758	9) 3560 + 825	10) 7126 + 266	11) 1048 + 252	12) 1675 + 413
13) 1895 + 422	14) 7906 + 834	15) 4232 + 315	16) 7729 + 366	17) 5477 + 225	18) 5551 + 693
19) 4125 + 980	20) 2357 + 948	21) 5884 + 362	22) 9872 + 243	23) 6157 + 437	24) 4656 + 746
25) 9284 − 252	26) 7812 − 531	27) 2824 − 255	28) 7506 − 553	29) 1191 − 689	30) 3018 − 553
31) 2407 − 336	32) 8801 − 291	33) 2171 − 675	34) 1618 − 579	35) 1394 − 325	36) 4996 − 523
37) 8490 − 242	38) 5348 − 732	39) 9345 − 372	40) 7676 − 120	41) 1798 − 740	42) 8137 − 537
43) 8500 − 573	44) 9098 − 611	45) 4399 − 217	46) 3422 − 164	47) 4292 − 535	48) 4505 − 951

DAY 93 – ADDITION AND SUBTRACTION
TRIPLE DIGITS AND MORE

DATE: ....

SCORE: ..../48

<25

>35

>45

TO REPEAT: ....

list the examples that
caused you problems

....

1)
$$5047 + 517$$

2)
$$6909 + 844$$

3)
$$2513 + 407$$

4)
$$1403 + 552$$

5)
$$7730 + 736$$

6)
$$1906 + 105$$

7)
$$6991 + 898$$

8)
$$3249 + 654$$

9)
$$2927 + 407$$

10)
$$7498 + 850$$

11)
$$1669 + 232$$

12)
$$6818 + 447$$

13)
$$8832 + 369$$

14)
$$1695 + 231$$

15)
$$6713 + 497$$

16)
$$5273 + 658$$

17)
$$7113 + 287$$

18)
$$9146 + 639$$

19)
$$5310 + 323$$

20)
$$9572 + 676$$

21)
$$8955 + 859$$

22)
$$6910 + 610$$

23)
$$5760 + 704$$

24)
$$3084 + 475$$

25)
$$2886 - 591$$

26)
$$1269 - 437$$

27)
$$3092 - 524$$

28)
$$6375 - 484$$

29)
$$1126 - 935$$

30)
$$5123 - 713$$

31)
$$1751 - 667$$

32)
$$8042 - 484$$

33)
$$3619 - 952$$

34)
$$2493 - 687$$

35)
$$6996 - 411$$

36)
$$4010 - 113$$

37)
$$3326 - 384$$

38)
$$4460 - 236$$

39)
$$5758 - 547$$

40)
$$5806 - 248$$

41)
$$8049 - 519$$

42)
$$3184 - 958$$

43)
$$7149 - 418$$

44)
$$3674 - 300$$

45)
$$4213 - 346$$

46)
$$1632 - 588$$

47)
$$9339 - 121$$

48)
$$3357 - 655$$

DAY 94 - ADDITION AND SUBTRACTION
TRIPLE DIGITS AND MORE

DATE: ....

SCORE: ..../48

<25
>35
>45

TO REPEAT: ....
list the examples that
caused you problems ....

1)
```
  3388
+  158
```

2)
```
  1351
+  578
```

3)
```
  6138
+  613
```

4)
```
  4164
+  235
```

5)
```
  4085
+  832
```

6)
```
  5501
+  862
```

7)
```
  6806
+  416
```

8)
```
  1435
+  836
```

9)
```
  6875
+  628
```

10)
```
  3558
+  470
```

11)
```
  1190
+  625
```

12)
```
  2232
+  856
```

13)
```
  3550
+  555
```

14)
```
  7781
+  755
```

15)
```
  4132
+  201
```

16)
```
  2379
+  476
```

17)
```
  6641
+  595
```

18)
```
  6437
+  151
```

19)
```
  5190
+  862
```

20)
```
  7709
+  259
```

21)
```
  4931
+  765
```

22)
```
  4054
+  960
```

23)
```
  8470
+  699
```

24)
```
  1189
+  331
```

25)
```
  8347
-  542
```

26)
```
  1189
-  157
```

27)
```
  7900
-  660
```

28)
```
  4274
-  728
```

29)
```
  2065
-  907
```

30)
```
  2408
-  568
```

31)
```
  5897
-  608
```

32)
```
  8466
-  885
```

33)
```
  9160
-  801
```

34)
```
  9320
-  389
```

35)
```
  1576
-  963
```

36)
```
  8029
-  440
```

37)
```
  1975
-  473
```

38)
```
  1816
-  237
```

39)
```
  2635
-  877
```

40)
```
  1594
-  255
```

41)
```
  3127
-  891
```

42)
```
  7897
-  717
```

43)
```
  2491
-  600
```

44)
```
  1808
-  412
```

45)
```
  6704
-  352
```

46)
```
  5602
-  404
```

47)
```
  9664
-  299
```

48)
```
  8308
-  605
```

DAY 95 - ADDITION AND SUBTRACTION
TRIPLE DIGITS AND MORE

DATE: ....

SCORE: ..../48

<25
>35
>45

TO REPEAT: ....

list the examples that
caused you problems

....

1)
```
  9541
+  500
```

2)
```
  7270
+  742
```

3)
```
  6414
+  582
```

4)
```
  5378
+  495
```

5)
```
  3240
+  674
```

6)
```
  7805
+  369
```

7)
```
  4865
+  269
```

8)
```
  7333
+  663
```

9)
```
  1810
+  174
```

10)
```
  3161
+  569
```

11)
```
  9819
+  791
```

12)
```
  9716
+  475
```

13)
```
  6339
+  188
```

14)
```
  7552
+  209
```

15)
```
  4337
+  110
```

16)
```
  2334
+  861
```

17)
```
  1622
+  745
```

18)
```
  1052
+  120
```

19)
```
  5767
+  754
```

20)
```
  9097
+  904
```

21)
```
  6523
+  118
```

22)
```
  2935
+  749
```

23)
```
  7695
+  749
```

24)
```
  3576
+  585
```

25)
```
  2443
-  510
```

26)
```
  3509
-  165
```

27)
```
  2419
-  836
```

28)
```
  5168
-  271
```

29)
```
  3893
-  405
```

30)
```
  1167
-  782
```

31)
```
  6890
-  141
```

32)
```
  6426
-  539
```

33)
```
  9330
-  961
```

34)
```
  7261
-  929
```

35)
```
  2942
-  875
```

36)
```
  6723
-  823
```

37)
```
  9068
-  483
```

38)
```
  5905
-  689
```

39)
```
  6424
-  902
```

40)
```
  2356
-  509
```

41)
```
  1615
-  390
```

42)
```
  8689
-  143
```

43)
```
  7831
-  112
```

44)
```
  1476
-  315
```

45)
```
  8105
-  814
```

46)
```
  4012
-  229
```

47)
```
  6979
-  847
```

48)
```
  8217
-  256
```

DAY 96 - ADDITION AND SUBTRACTION
TRIPLE DIGITS AND MORE

DATE: ....

SCORE: ..../48

<25
>35
>45

TO REPEAT: ....
list the examples that
caused you problems
....

1)
```
  3182
+  946
```

2)
```
  3137
+  586
```

3)
```
  9019
+  781
```

4)
```
  3096
+  499
```

5)
```
  5200
+  278
```

6)
```
  5502
+  296
```

7)
```
  1629
+  124
```

8)
```
  5314
+  357
```

9)
```
  7870
+  123
```

10)
```
  6900
+  384
```

11)
```
  1548
+  356
```

12)
```
  4172
+  806
```

13)
```
  6951
+  626
```

14)
```
  7508
+  819
```

15)
```
  6078
+  782
```

16)
```
  8144
+  970
```

17)
```
  5572
+  777
```

18)
```
  2316
+  771
```

19)
```
  7971
+  664
```

20)
```
  9658
+  429
```

21)
```
  4431
+  534
```

22)
```
  3220
+  844
```

23)
```
  5434
+  737
```

24)
```
  6556
+  680
```

25)
```
  4688
-  815
```

26)
```
  2516
-  588
```

27)
```
  5841
-  231
```

28)
```
  9152
-  194
```

29)
```
  5836
-  615
```

30)
```
  7897
-  752
```

31)
```
  1634
-  453
```

32)
```
  4528
-  835
```

33)
```
  1032
-  149
```

34)
```
  4261
-  680
```

35)
```
  4602
-  969
```

36)
```
  9979
-  280
```

37)
```
  4071
-  590
```

38)
```
  5007
-  101
```

39)
```
  2139
-  898
```

40)
```
  7995
-  379
```

41)
```
  5474
-  667
```

42)
```
  7042
-  936
```

43)
```
  3146
-  869
```

44)
```
  4674
-  486
```

45)
```
  7962
-  904
```

46)
```
  5988
-  181
```

47)
```
  3468
-  289
```

48)
```
  8713
-  545
```

DAY 97 - ADDITION AND SUBTRACTION
TRIPLE DIGITS AND MORE

DATE: ....

SCORE: ..../48

<25

>35

>45

TO REPEAT: ....

list the examples that
caused you problems

....

1)
$$9190 + 904$$

2)
$$2691 + 971$$

3)
$$7996 + 797$$

4)
$$2429 + 467$$

5)
$$7923 + 120$$

6)
$$2639 + 650$$

7)
$$8888 + 584$$

8)
$$1571 + 152$$

9)
$$2147 + 599$$

10)
$$4482 + 982$$

11)
$$7065 + 462$$

12)
$$9287 + 718$$

13)
$$9294 + 854$$

14)
$$8992 + 909$$

15)
$$7184 + 988$$

16)
$$3121 + 788$$

17)
$$8562 + 533$$

18)
$$7832 + 522$$

19)
$$2587 + 718$$

20)
$$1034 + 262$$

21)
$$9226 + 500$$

22)
$$3061 + 668$$

23)
$$5772 + 376$$

24)
$$5630 + 285$$

25)
$$4068 - 782$$

26)
$$9473 - 462$$

27)
$$1760 - 783$$

28)
$$7059 - 889$$

29)
$$9343 - 387$$

30)
$$8646 - 748$$

31)
$$2024 - 264$$

32)
$$8407 - 962$$

33)
$$2782 - 279$$

34)
$$2522 - 683$$

35)
$$9257 - 331$$

36)
$$9422 - 894$$

37)
$$6580 - 743$$

38)
$$4421 - 445$$

39)
$$7243 - 668$$

40)
$$8637 - 865$$

41)
$$7674 - 424$$

42)
$$8121 - 132$$

43)
$$3390 - 400$$

44)
$$6030 - 129$$

45)
$$1742 - 937$$

46)
$$1576 - 366$$

47)
$$8504 - 828$$

48)
$$9746 - 672$$

DAY 98 - ADDITION AND SUBTRACTION
TRIPLE DIGITS AND MORE

DATE: ....

SCORE: ..../48

<25

>35

>45

TO REPEAT: ....
list the examples that
caused you problems
....

1)
```
  9424
+  745
```

2)
```
  3820
+  111
```

3)
```
  9854
+  829
```

4)
```
  5182
+  549
```

5)
```
  1551
+  718
```

6)
```
  8526
+  216
```

7)
```
  6669
+  663
```

8)
```
  5882
+  244
```

9)
```
  8174
+  319
```

10)
```
  2736
+  560
```

11)
```
  1868
+  547
```

12)
```
  3979
+  437
```

13)
```
  7785
+  510
```

14)
```
  2485
+  435
```

15)
```
  5907
+  714
```

16)
```
  2787
+  358
```

17)
```
  6723
+  843
```

18)
```
  8615
+  150
```

19)
```
  2074
+  565
```

20)
```
  4973
+  702
```

21)
```
  4655
+  664
```

22)
```
  4786
+  793
```

23)
```
  3883
+  164
```

24)
```
  4213
+  488
```

25)
```
  2772
-  570
```

26)
```
  2290
-  745
```

27)
```
  9956
-  270
```

28)
```
  8770
-  950
```

29)
```
  1038
-  356
```

30)
```
  4644
-  103
```

31)
```
  5202
-  660
```

32)
```
  3400
-  477
```

33)
```
  3055
-  860
```

34)
```
  2430
-  359
```

35)
```
  7466
-  965
```

36)
```
  1270
-  334
```

37)
```
  9640
-  199
```

38)
```
  9512
-  884
```

39)
```
  4582
-  138
```

40)
```
  7567
-  421
```

41)
```
  6601
-  565
```

42)
```
  3543
-  215
```

43)
```
  6128
-  612
```

44)
```
  8205
-  826
```

45)
```
  5544
-  366
```

46)
```
  4281
-  212
```

47)
```
  3599
-  452
```

48)
```
  8325
-  226
```

DAY 99 - ADDITION AND SUBTRACTION
TRIPLE DIGITS AND MORE

DATE: ....

SCORE: ..../48

<25
>35
>45

TO REPEAT: ....
list the examples that
caused you problems
....

1)
```
  2118
+  328
```

2)
```
  8491
+  528
```

3)
```
  7054
+  883
```

4)
```
  6685
+  954
```

5)
```
  1604
+  511
```

6)
```
  8447
+  725
```

7)
```
  4077
+  958
```

8)
```
  3188
+  385
```

9)
```
  9560
+  440
```

10)
```
  7169
+  605
```

11)
```
  8248
+  248
```

12)
```
  2066
+  853
```

13)
```
  9757
+  765
```

14)
```
  2291
+  825
```

15)
```
  9117
+  410
```

16)
```
  2939
+  491
```

17)
```
  2305
+  919
```

18)
```
  1167
+  102
```

19)
```
  5526
+  446
```

20)
```
  7945
+  113
```

21)
```
  2739
+  625
```

22)
```
  1266
+  602
```

23)
```
  5057
+  177
```

24)
```
  4222
+  148
```

25)
```
  7614
-  448
```

26)
```
  4360
-  891
```

27)
```
  5198
-  383
```

28)
```
  3119
-  812
```

29)
```
  3575
-  581
```

30)
```
  3246
-  810
```

31)
```
  2385
-  316
```

32)
```
  2782
-  920
```

33)
```
  6527
-  462
```

34)
```
  4515
-  910
```

35)
```
  4172
-  188
```

36)
```
  6513
-  958
```

37)
```
  8052
-  799
```

38)
```
  3726
-  519
```

39)
```
  3610
-  833
```

40)
```
  6834
-  719
```

41)
```
  3757
-  299
```

42)
```
  9910
-  114
```

43)
```
  7090
-  935
```

44)
```
  8531
-  473
```

45)
```
  3498
-  661
```

46)
```
  3291
-  135
```

47)
```
  2952
-  714
```

48)
```
  2700
-  274
```

103

DAY 100 – ADDITION AND SUBTRACTION
TRIPLE DIGITS AND MORE

DATE: ....

SCORE: ..../48

<25

>35

>45

TO REPEAT: ....

list the examples that
caused you problems

....

1)
```
  8695
+  628
```

2)
```
  1545
+  837
```

3)
```
  3220
+  962
```

4)
```
  7174
+  133
```

5)
```
  8138
+  614
```

6)
```
  8941
+  448
```

7)
```
  8161
+  842
```

8)
```
  9056
+  378
```

9)
```
  2193
+  919
```

10)
```
  5475
+  944
```

11)
```
  7670
+  280
```

12)
```
  9165
+  692
```

13)
```
  2864
+  676
```

14)
```
  5131
+  497
```

15)
```
  7796
+  828
```

16)
```
  4904
+  578
```

17)
```
  5166
+  921
```

18)
```
  2814
+  142
```

19)
```
  1171
+  124
```

20)
```
  1293
+  941
```

21)
```
  9327
+  916
```

22)
```
  5225
+  103
```

23)
```
  9849
+  879
```

24)
```
  8661
+  281
```

25)
```
  5460
-  405
```

26)
```
  5769
-  492
```

27)
```
  6201
-  316
```

28)
```
  5289
-  527
```

29)
```
  5132
-  707
```

30)
```
  5812
-  171
```

31)
```
  9541
-  135
```

32)
```
  5866
-  181
```

33)
```
  5120
-  833
```

34)
```
  7868
-  960
```

35)
```
  9067
-  423
```

36)
```
  4653
-  139
```

37)
```
  6151
-  412
```

38)
```
  7263
-  203
```

39)
```
  7380
-  259
```

40)
```
  7519
-  189
```

41)
```
  4174
-  476
```

42)
```
  3489
-  568
```

43)
```
  9383
-  241
```

44)
```
  5072
-  922
```

45)
```
  6113
-  471
```

46)
```
  6766
-  164
```

47)
```
  8790
-  893
```

48)
```
  3579
-  177
```

SOLUTIONS

Day 1:

(1)9 (2)15 (3)12 (4)11 (5)9 (6)2 (7)6 (8)14
(9)7 (10)11 (11)9 (12)7 (13)8 (14)11 (15)5
(16)6 (17)9 (18)2 (19)11 (20)7 (21)10
(22)11 (23)13 (24)6

(25)6 (26)1 (27)7 (28)1 (29)4 (30)1 (31)3
(32)5 (33)1 (34)3 (35)2 (36)6 (37)2 (38)6
(39)6 (40)3 (41)1 (42)3 (43)3 (44)1 (45)2
(46)0 (47)0 (48)4

Day 2:

(1)8 (2)8 (3)3 (4)12 (5)14 (6)12 (7)7 (8)6
(9)2 (10)14 (11)4 (12)9 (13)8 (14)12
(15)14 (16)12 (17)8 (18)14 (19)5 (20)5
(21)3 (22)13 (23)15 (24)9

(25)4 (26)2 (27)2 (28)5 (29)1 (30)0 (31)6
(32)1 (33)4 (34)4 (35)3 (36)5 (37)2 (38)1
(39)0 (40)3 (41)0 (42)4 (43)7 (44)0 (45)2
(46)2 (47)2 (48)1

Day 3:

(1)11 (2)7 (3)11 (4)11 (5)9 (6)3 (7)9 (8)4
(9)9 (10)6 (11)12 (12)12 (13)16 (14)10
(15)13 (16)9 (17)6 (18)7 (19)12 (20)12
(21)12 (22)7 (23)6 (24)14

(25)3 (26)7 (27)0 (28)5 (29)0 (30)3 (31)2
(32)1 (33)4 (34)1 (35)1 (36)4 (37)2 (38)6
(39)2 (40)3 (41)7 (42)0 (43)2 (44)4 (45)6
(46)2 (47)3 (48)3

Day 4:

(1)12 (2)9 (3)1 (4)2 (5)15 (6)13 (7)15 (8)4
(9)10 (10)12 (11)13 (12)9 (13)7 (14)9
(15)7 (16)10 (17)11 (18)6 (19)8 (20)5
(21)12 (22)2 (23)11 (24)13

(25)3 (26)8 (27)2 (28)0 (29)4 (30)0 (31)5
(32)1 (33)0 (34)0 (35)0 (36)4 (37)1 (38)3
(39)4 (40)4 (41)1 (42)1 (43)8 (44)0 (45)2
(46)8 (47)0 (48)0

Day 5:

(1)14 (2)12 (3)5 (4)13 (5)5 (6)16 (7)9 (8)3
(9)10 (10)13 (11)8 (12)15 (13)12 (14)11
(15)3 (16)8 (17)9 (18)5 (19)10 (20)16
(21)7 (22)6 (23)10 (24)11

(25)5 (26)3 (27)0 (28)0 (29)1 (30)1 (31)3
(32)3 (33)0 (34)2 (35)5 (36)0 (37)4 (38)2
(39)1 (40)2 (41)2 (42)2 (43)7 (44)5 (45)5
(46)2 (47)1 (48)5

Day 6:

(1)8 (2)13 (3)15 (4)16 (5)13 (6)6 (7)17 (8)7
(9)7 (10)3 (11)2 (12)11 (13)9 (14)12
(15)11 (16)5 (17)13 (18)9 (19)7 (20)11
(21)8 (22)10 (23)8 (24)9

(25)4 (26)3 (27)3 (28)2 (29)6 (30)3 (31)3
(32)2 (33)0 (34)0 (35)0 (36)2 (37)2 (38)4
(39)2 (40)1 (41)6 (42)4 (43)3 (44)0 (45)0
(46)1 (47)8 (48)5

Day 7:

(1)8 (2)11 (3)14 (4)7 (5)15 (6)4 (7)10 (8)12
(9)7 (10)2 (11)5 (12)7 (13)12 (14)3 (15)8
(16)8 (17)4 (18)11 (19)7 (20)13 (21)11
(22)13 (23)12 (24)15

(25)3 (26)3 (27)0 (28)0 (29)3 (30)6 (31)2
(32)0 (33)7 (34)0 (35)4 (36)0 (37)4 (38)0
(39)1 (40)4 (41)1 (42)3 (43)0 (44)6 (45)2
(46)1 (47)2 (48)4

Day 8:

(1)5 (2)9 (3)13 (4)7 (5)13 (6)12 (7)9 (8)6
(9)7 (10)7 (11)11 (12)11 (13)11 (14)8
(15)15 (16)18 (17)6 (18)9 (19)14 (20)7
(21)9 (22)14 (23)12 (24)15

(25)3 (26)0 (27)1 (28)1 (29)1 (30)3 (31)0
(32)5 (33)3 (34)6 (35)0 (36)1 (37)0 (38)1
(39)0 (40)1 (41)3 (42)6 (43)0 (44)1 (45)7
(46)5 (47)2 (48)5

SOLUTIONS

Day 9:

(1)16 (2)11 (3)9 (4)16 (5)9 (6)9 (7)11 (8)11
(9)13 (10)7 (11)13 (12)7 (13)10 (14)9
(15)7 (16)6 (17)6 (18)13 (19)12 (20)9
(21)13 (22)6 (23)5 (24)10

(25)4 (26)0 (27)3 (28)3 (29)2 (30)2 (31)2
(32)3 (33)3 (34)0 (35)2 (36)1 (37)0 (38)6
(39)0 (40)4 (41)3 (42)4 (43)2 (44)5 (45)3
(46)3 (47)0 (48)2

Day 10:

(1)11 (2)11 (3)5 (4)4 (5)10 (6)7 (7)8 (8)4
(9)13 (10)16 (11)11 (12)10 (13)10 (14)2
(15)11 (16)16 (17)8 (18)14 (19)9 (20)8
(21)4 (22)13 (23)11 (24)8

(25)1 (26)2 (27)2 (28)1 (29)8 (30)2 (31)4
(32)0 (33)2 (34)1 (35)4 (36)3 (37)0 (38)1
(39)3 (40)4 (41)6 (42)0 (43)1 (44)3 (45)0
(46)2 (47)0 (48)1

Day 11:

(1)3 (2)10 (3)13 (4)6 (5)9 (6)12 (7)8 (8)9
(9)4 (10)7 (11)5 (12)5 (13)14 (14)10 (15)7
(16)6 (17)9 (18)8 (19)11 (20)12 (21)11
(22)14 (23)11 (24)10

(25)1 (26)3 (27)0 (28)6 (29)0 (30)6 (31)7
(32)6 (33)2 (34)0 (35)0 (36)3 (37)0 (38)4
(39)7 (40)1 (41)3 (42)2 (43)6 (44)0 (45)3
(46)1 (47)2 (48)8

Day 12:

(1)12 (2)8 (3)8 (4)7 (5)5 (6)10 (7)10 (8)13
(9)18 (10)5 (11)11 (12)10 (13)3 (14)12
(15)10 (16)14 (17)8 (18)15 (19)9 (20)11
(21)14 (22)7 (23)15 (24)12

(25)3 (26)0 (27)3 (28)2 (29)5 (30)4 (31)1
(32)5 (33)4 (34)2 (35)1 (36)6 (37)0 (38)3
(39)1 (40)5 (41)0 (42)0 (43)1 (44)1 (45)2
(46)3 (47)5 (48)7

Day 13:

(1)8 (2)4 (3)10 (4)11 (5)6 (6)10 (7)9 (8)7
(9)8 (10)5 (11)14 (12)6 (13)8 (14)5 (15)11
(16)7 (17)8 (18)4 (19)3 (20)14 (21)9 (22)5
(23)10 (24)12

(25)5 (26)5 (27)3 (28)2 (29)4 (30)0 (31)6
(32)3 (33)2 (34)6 (35)1 (36)2 (37)0 (38)0
(39)1 (40)1 (41)5 (42)6 (43)2 (44)5 (45)2
(46)2 (47)8 (48)1

Day 14:

(1)7 (2)13 (3)6 (4)12 (5)8 (6)13 (7)7 (8)10
(9)12 (10)7 (11)16 (12)8 (13)16 (14)9
(15)12 (16)2 (17)13 (18)15 (19)11 (20)12
(21)7 (22)10 (23)13 (24)12

(25)4 (26)5 (27)5 (28)1 (29)2 (30)1 (31)2
(32)0 (33)2 (34)5 (35)2 (36)7 (37)3 (38)1
(39)1 (40)0 (41)6 (42)0 (43)7 (44)2 (45)1
(46)0 (47)2 (48)3

Day 15:

(1)9 (2)5 (3)11 (4)8 (5)10 (6)13 (7)12 (8)11
(9)10 (10)2 (11)15 (12)10 (13)3 (14)13
(15)17 (16)12 (17)11 (18)14 (19)14 (20)10
(21)6 (22)9 (23)5 (24)10

(25)3 (26)3 (27)3 (28)2 (29)2 (30)0 (31)2
(32)2 (33)3 (34)5 (35)0 (36)6 (37)8 (38)1
(39)7 (40)6 (41)2 (42)7 (43)7 (44)1 (45)0
(46)0 (47)1 (48)3

Day 16:

(1)6 (2)2 (3)4 (4)3 (5)10 (6)16 (7)5 (8)15
(9)14 (10)9 (11)11 (12)9 (13)4 (14)3
(15)11 (16)14 (17)12 (18)3 (19)8 (20)10
(21)8 (22)6 (23)11 (24)7

(25)5 (26)7 (27)1 (28)2 (29)1 (30)7 (31)1
(32)7 (33)0 (34)6 (35)2 (36)0 (37)6 (38)2
(39)2 (40)1 (41)5 (42)3 (43)1 (44)0 (45)3
(46)2 (47)2 (48)6

SOLUTIONS

Day 17:

(1)7 (2)10 (3)2 (4)12 (5)13 (6)5 (7)11 (8)12
(9)12 (10)7 (11)4 (12)13 (13)7 (14)5 (15)3
(16)13 (17)10 (18)3 (19)12 (20)5 (21)14
(22)2 (23)13 (24)9

(25)5 (26)3 (27)3 (28)7 (29)4 (30)1 (31)6
(32)3 (33)2 (34)1 (35)0 (36)1 (37)2 (38)5
(39)1 (40)3 (41)5 (42)1 (43)6 (44)3 (45)4
(46)1 (47)4 (48)4

Day 18:

(1)14 (2)10 (3)8 (4)6 (5)11 (6)8 (7)12 (8)12
(9)4 (10)13 (11)8 (12)10 (13)8 (14)14
(15)7 (16)1 (17)6 (18)5 (19)6 (20)5 (21)11
(22)14 (23)14 (24)9

(25)4 (26)7 (27)8 (28)4 (29)1 (30)0 (31)2
(32)1 (33)1 (34)5 (35)0 (36)4 (37)1 (38)8
(39)1 (40)0 (41)2 (42)6 (43)3 (44)3 (45)3
(46)2 (47)1 (48)5

Day 19:

(1)8 (2)12 (3)14 (4)10 (5)15 (6)15 (7)9 (8)3
(9)10 (10)14 (11)13 (12)14 (13)11 (14)11
(15)5 (16)10 (17)9 (18)12 (19)12 (20)4
(21)8 (22)3 (23)9 (24)13

(25)3 (26)0 (27)3 (28)0 (29)4 (30)0 (31)2
(32)0 (33)1 (34)0 (35)7 (36)5 (37)6 (38)4
(39)3 (40)4 (41)6 (42)1 (43)1 (44)1 (45)0
(46)3 (47)4 (48)3

Day 20:

(1)10 (2)12 (3)10 (4)13 (5)13 (6)10 (7)5
(8)7 (9)13 (10)12 (11)9 (12)10 (13)15
(14)8 (15)12 (16)11 (17)9 (18)8 (19)8
(20)4 (21)13 (22)11 (23)8 (24)6

(25)6 (26)2 (27)0 (28)3 (29)1 (30)0 (31)2
(32)3 (33)2 (34)1 (35)5 (36)6 (37)7 (38)1
(39)0 (40)0 (41)2 (42)2 (43)0 (44)0 (45)1
(46)4 (47)0 (48)7

Day 21:

(1)18 (2)15 (3)15 (4)19 (5)26 (6)18 (7)14
(8)12 (9)21 (10)6 (11)17 (12)17 (13)11
(14)11 (15)8 (16)8 (17)10 (18)7 (19)22
(20)14 (21)20 (22)25 (23)6 (24)18

(25)11 (26)21 (27)3 (28)2 (29)10 (30)14
(31)12 (32)17 (33)6 (34)14 (35)5 (36)8
(37)6 (38)5 (39)12 (40)9 (41)1 (42)8
(43)15 (44)16 (45)12 (46)6 (47)6 (48)11

Day 22:

(1)18 (2)21 (3)12 (4)15 (5)13 (6)13 (7)21
(8)15 (9)17 (10)17 (11)21 (12)14 (13)28
(14)11 (15)7 (16)6 (17)25 (18)14 (19)8
(20)24 (21)14 (22)22 (23)20 (24)22

(25)17 (26)13 (27)9 (28)7 (29)22 (30)12
(31)10 (32)5 (33)11 (34)16 (35)10 (36)4
(37)1 (38)17 (39)11 (40)17 (41)13 (42)10
(43)11 (44)13 (45)10 (46)14 (47)20 (48)10

Day 23:

(1)6 (2)14 (3)19 (4)25 (5)14 (6)17 (7)21
(8)13 (9)23 (10)13 (11)10 (12)11 (13)15
(14)11 (15)17 (16)21 (17)19 (18)6 (19)10
(20)7 (21)2 (22)5 (23)17 (24)12

(25)13 (26)9 (27)11 (28)3 (29)22 (30)28
(31)20 (32)4 (33)14 (34)2 (35)10 (36)13
(37)14 (38)7 (39)3 (40)13 (41)7 (42)12
(43)19 (44)10 (45)21 (46)13 (47)5 (48)5

Day 24:

(1)28 (2)2 (3)18 (4)9 (5)19 (6)6 (7)16 (8)10
(9)7 (10)12 (11)10 (12)21 (13)11 (14)17
(15)26 (16)19 (17)16 (18)11 (19)18 (20)22
(21)13 (22)4 (23)20 (24)16

(25)0 (26)11 (27)10 (28)13 (29)6 (30)18
(31)12 (32)3 (33)3 (34)0 (35)4 (36)19
(37)11 (38)10 (39)5 (40)8 (41)4 (42)14
(43)22 (44)0 (45)4 (46)4 (47)18 (48)5

SOLUTIONS

Day 25:

(1)7 (2)13 (3)16 (4)20 (5)10 (6)18 (7)17
(8)21 (9)24 (10)22 (11)26 (12)29 (13)22
(14)1 (15)27 (16)8 (17)14 (18)13 (19)24
(20)9 (21)13 (22)6 (23)21 (24)17

(25)5 (26)16 (27)18 (28)19 (29)12 (30)15
(31)0 (32)5 (33)10 (34)13 (35)14 (36)9
(37)12 (38)0 (39)17 (40)10 (41)13 (42)6
(43)4 (44)15 (45)11 (46)23 (47)12 (48)3

Day 26:

(1)18 (2)6 (3)8 (4)14 (5)16 (6)3 (7)19 (8)11
(9)4 (10)14 (11)14 (12)21 (13)10 (14)20
(15)26 (16)10 (17)15 (18)13 (19)13 (20)12
(21)9 (22)19 (23)20 (24)8

(25)12 (26)3 (27)3 (28)2 (29)15 (30)22
(31)19 (32)18 (33)6 (34)11 (35)11 (36)22
(37)12 (38)23 (39)11 (40)5 (41)4 (42)0
(43)3 (44)11 (45)3 (46)27 (47)20 (48)17

Day 27:

(1)29 (2)9 (3)25 (4)20 (5)22 (6)6 (7)27
(8)18 (9)16 (10)17 (11)21 (12)10 (13)16
(14)9 (15)21 (16)14 (17)12 (18)20 (19)20
(20)20 (21)18 (22)9 (23)21 (24)6

(25)0 (26)12 (27)17 (28)13 (29)19 (30)19
(31)8 (32)4 (33)6 (34)12 (35)22 (36)20
(37)20 (38)7 (39)23 (40)2 (41)1 (42)22
(43)27 (44)12 (45)17 (46)19 (47)26 (48)9

Day 28:

(1)15 (2)20 (3)14 (4)21 (5)15 (6)15 (7)14
(8)24 (9)24 (10)16 (11)13 (12)4 (13)9
(14)17 (15)21 (16)30 (17)23 (18)20 (19)16
(20)2 (21)25 (22)15 (23)24 (24)24

(25)20 (26)11 (27)14 (28)20 (29)19 (30)10
(31)14 (32)28 (33)17 (34)10 (35)1 (36)11
(37)10 (38)0 (39)11 (40)19 (41)0 (42)4
(43)12 (44)8 (45)0 (46)7 (47)1 (48)9

Day 29:

(1)13 (2)23 (3)20 (4)22 (5)25 (6)7 (7)14
(8)24 (9)12 (10)12 (11)10 (12)24 (13)14
(14)5 (15)19 (16)6 (17)14 (18)21 (19)23
(20)5 (21)15 (22)23 (23)20 (24)29

(25)14 (26)0 (27)9 (28)9 (29)8 (30)15
(31)8 (32)13 (33)3 (34)22 (35)16 (36)1
(37)2 (38)12 (39)23 (40)5 (41)0 (42)8
(43)2 (44)5 (45)17 (46)23 (47)4 (48)18

Day 30:

(1)15 (2)9 (3)19 (4)10 (5)28 (6)19 (7)22
(8)20 (9)18 (10)7 (11)21 (12)30 (13)4
(14)11 (15)14 (16)8 (17)23 (18)7 (19)19
(20)18 (21)19 (22)11 (23)11 (24)6

(25)18 (26)12 (27)9 (28)12 (29)1 (30)10
(31)18 (32)2 (33)10 (34)13 (35)20 (36)0
(37)13 (38)4 (39)12 (40)8 (41)29 (42)15
(43)0 (44)3 (45)10 (46)0 (47)7 (48)27

Day 31:

(1)10 (2)5 (3)24 (4)18 (5)16 (6)3 (7)9 (8)8
(9)21 (10)28 (11)27 (12)18 (13)5 (14)21
(15)18 (16)5 (17)13 (18)22 (19)22 (20)20
(21)7 (22)11 (23)22 (24)21

(25)12 (26)5 (27)10 (28)12 (29)24 (30)18
(31)16 (32)24 (33)14 (34)4 (35)17 (36)16
(37)22 (38)17 (39)4 (40)2 (41)3 (42)9
(43)8 (44)7 (45)21 (46)16 (47)1 (48)5

Day 32:

(1)11 (2)16 (3)3 (4)13 (5)13 (6)25 (7)23
(8)22 (9)10 (10)24 (11)21 (12)25 (13)11
(14)8 (15)9 (16)4 (17)11 (18)22 (19)10
(20)26 (21)10 (22)7 (23)21 (24)13

(25)2 (26)2 (27)26 (28)10 (29)8 (30)8
(31)7 (32)13 (33)25 (34)12 (35)9 (36)20
(37)12 (38)10 (39)19 (40)10 (41)0 (42)26
(43)3 (44)18 (45)4 (46)7 (47)3 (48)12

SOLUTIONS

Day 33:

(1)10 (2)11 (3)17 (4)19 (5)21 (6)24 (7)21
(8)13 (9)11 (10)26 (11)21 (12)20 (13)13
(14)11 (15)12 (16)7 (17)14 (18)18 (19)18
(20)10 (21)24 (22)14 (23)18 (24)22
(25)10 (26)4 (27)26 (28)15 (29)8 (30)12
(31)21 (32)11 (33)17 (34)25 (35)28 (36)14
(37)4 (38)10 (39)8 (40)15 (41)27 (42)8
(43)4 (44)3 (45)6 (46)8 (47)12 (48)5

Day 34:

(1)25 (2)3 (3)17 (4)18 (5)23 (6)16 (7)11
(8)5 (9)10 (10)22 (11)20 (12)15 (13)17
(14)20 (15)18 (16)10 (17)8 (18)18 (19)17
(20)24 (21)16 (22)12 (23)20 (24)16
(25)5 (26)4 (27)2 (28)10 (29)14 (30)18
(31)2 (32)11 (33)19 (34)17 (35)7 (36)20
(37)20 (38)11 (39)3 (40)1 (41)5 (42)7
(43)21 (44)18 (45)0 (46)13 (47)2 (48)4

Day 35:

(1)29 (2)6 (3)19 (4)29 (5)14 (6)13 (7)7
(8)24 (9)17 (10)5 (11)15 (12)25 (13)19
(14)21 (15)22 (16)27 (17)8 (18)25 (19)5
(20)15 (21)16 (22)18 (23)12 (24)5
(25)11 (26)9 (27)0 (28)13 (29)13 (30)16
(31)14 (32)2 (33)9 (34)5 (35)13 (36)0
(37)3 (38)19 (39)22 (40)8 (41)4 (42)12
(43)9 (44)3 (45)14 (46)18 (47)0 (48)11

Day 36:

(1)19 (2)18 (3)9 (4)29 (5)16 (6)13 (7)13
(8)20 (9)21 (10)24 (11)10 (12)27 (13)17
(14)22 (15)27 (16)16 (17)10 (18)25 (19)6
(20)7 (21)3 (22)11 (23)24 (24)14
(25)7 (26)17 (27)15 (28)5 (29)12 (30)10
(31)4 (32)14 (33)10 (34)3 (35)4 (36)3
(37)7 (38)0 (39)11 (40)3 (41)3 (42)24
(43)26 (44)9 (45)21 (46)6 (47)20 (48)8

Day 37:

(1)23 (2)15 (3)10 (4)25 (5)17 (6)15 (7)30
(8)15 (9)17 (10)10 (11)6 (12)11 (13)6
(14)26 (15)18 (16)27 (17)7 (18)16 (19)8
(20)19 (21)28 (22)15 (23)12 (24)30
(25)17 (26)0 (27)7 (28)24 (29)5 (30)16
(31)17 (32)26 (33)8 (34)1 (35)11 (36)5
(37)9 (38)11 (39)8 (40)18 (41)6 (42)14
(43)2 (44)19 (45)2 (46)3 (47)9 (48)2

Day 38:

(1)22 (2)21 (3)30 (4)27 (5)17 (6)23 (7)20
(8)15 (9)15 (10)15 (11)14 (12)15 (13)18
(14)3 (15)13 (16)6 (17)22 (18)23 (19)17
(20)18 (21)15 (22)21 (23)19 (24)21
(25)1 (26)11 (27)0 (28)11 (29)6 (30)20
(31)7 (32)2 (33)16 (34)13 (35)14 (36)7
(37)4 (38)3 (39)0 (40)7 (41)6 (42)10
(43)17 (44)12 (45)1 (46)3 (47)7 (48)2

Day 39:

(1)10 (2)13 (3)10 (4)23 (5)15 (6)25 (7)6
(8)19 (9)6 (10)8 (11)11 (12)26 (13)24
(14)21 (15)12 (16)12 (17)8 (18)13 (19)26
(20)20 (21)21 (22)8 (23)19 (24)17
(25)1 (26)0 (27)6 (28)22 (29)15 (30)19
(31)13 (32)0 (33)16 (34)10 (35)4 (36)5
(37)12 (38)7 (39)22 (40)19 (41)21 (42)3
(43)3 (44)3 (45)19 (46)5 (47)8 (48)9

Day 40:

(1)12 (2)12 (3)14 (4)6 (5)9 (6)13 (7)9 (8)10
(9)15 (10)8 (11)11 (12)9 (13)15 (14)17
(15)17 (16)8 (17)18 (18)14 (19)23 (20)17
(21)18 (22)10 (23)17 (24)13
(25)7 (26)10 (27)8 (28)14 (29)18 (30)2
(31)6 (32)12 (33)15 (34)4 (35)9 (36)13
(37)1 (38)14 (39)6 (40)2 (41)17 (42)17
(43)5 (44)12 (45)3 (46)25 (47)7 (48)1

SOLUTIONS

Day 41:
(1)124 (2)109 (3)145 (4)55 (5)146 (6)126
(7)184 (8)75 (9)90 (10)160 (11)117
(12)158 (13)72 (14)74 (15)161 (16)108
(17)96 (18)91 (19)162 (20)57 (21)155
(22)111 (23)120 (24)166
(25)63 (26)40 (27)47 (28)13 (29)15 (30)47
(31)48 (32)7 (33)28 (34)62 (35)53 (36)70
(37)59 (38)2 (39)9 (40)43 (41)55 (42)57
(43)38 (44)21 (45)75 (46)63 (47)41 (48)29

Day 42:
(1)106 (2)95 (3)78 (4)132 (5)148 (6)105
(7)42 (8)78 (9)138 (10)29 (11)111 (12)80
(13)143 (14)97 (15)142 (16)129 (17)111
(18)132 (19)127 (20)122 (21)80 (22)134
(23)126 (24)107
(25)34 (26)29 (27)49 (28)34 (29)21 (30)27
(31)31 (32)43 (33)54 (34)24 (35)20 (36)42
(37)48 (38)27 (39)26 (40)5 (41)29 (42)46
(43)72 (44)20 (45)13 (46)6 (47)50 (48)41

Day 43:
(1)104 (2)163 (3)90 (4)129 (5)80 (6)144
(7)77 (8)67 (9)95 (10)150 (11)88 (12)88
(13)47 (14)163 (15)115 (16)131 (17)96
(18)116 (19)86 (20)131 (21)94 (22)149
(23)51 (24)137
(25)43 (26)28 (27)9 (28)1 (29)2 (30)23
(31)28 (32)70 (33)4 (34)4 (35)36 (36)45
(37)3 (38)17 (39)51 (40)10 (41)31 (42)23
(43)38 (44)31 (45)12 (46)3 (47)67 (48)0

Day 44:
(1)119 (2)111 (3)70 (4)97 (5)119 (6)175
(7)127 (8)106 (9)127 (10)72 (11)124
(12)105 (13)106 (14)121 (15)78 (16)186
(17)74 (18)107 (19)68 (20)83 (21)114
(22)85 (23)102 (24)78
(25)30 (26)45 (27)69 (28)49 (29)3 (30)15
(31)23 (32)15 (33)54 (34)14 (35)35 (36)44
(37)47 (38)55 (39)70 (40)32 (41)31 (42)66
(43)42 (44)63 (45)17 (46)57 (47)35 (48)12

Day 45:
(1)101 (2)109 (3)164 (4)87 (5)69 (6)114
(7)104 (8)115 (9)57 (10)175 (11)80
(12)119 (13)47 (14)148 (15)88 (16)117
(17)52 (18)156 (19)123 (20)84 (21)133
(22)109 (23)56 (24)138
(25)67 (26)46 (27)53 (28)28 (29)40 (30)53
(31)43 (32)41 (33)59 (34)17 (35)31 (36)32
(37)54 (38)29 (39)6 (40)4 (41)22 (42)38
(43)31 (44)18 (45)16 (46)7 (47)2 (48)75

Day 46:
(1)120 (2)90 (3)123 (4)152 (5)150 (6)48
(7)162 (8)99 (9)99 (10)140 (11)88 (12)134
(13)90 (14)76 (15)97 (16)72 (17)98
(18)126 (19)145 (20)126 (21)74 (22)171
(23)138 (24)50
(25)41 (26)9 (27)8 (28)10 (29)75 (30)7
(31)22 (32)54 (33)33 (34)55 (35)43 (36)46
(37)36 (38)28 (39)49 (40)4 (41)45 (42)4
(43)6 (44)71 (45)23 (46)7 (47)51 (48)45

Day 47:
(1)111 (2)139 (3)98 (4)143 (5)114 (6)103
(7)143 (8)54 (9)48 (10)114 (11)84 (12)133
(13)146 (14)70 (15)166 (16)146 (17)98
(18)81 (19)125 (20)105 (21)111 (22)87
(23)145 (24)55
(25)30 (26)12 (27)62 (28)21 (29)44 (30)24
(31)7 (32)32 (33)35 (34)35 (35)62 (36)22
(37)84 (38)45 (39)42 (40)65 (41)79 (42)12
(43)45 (44)3 (45)11 (46)63 (47)72 (48)81

Day 48:
(1)98 (2)115 (3)166 (4)74 (5)150 (6)109
(7)104 (8)112 (9)137 (10)26 (11)105
(12)63 (13)149 (14)130 (15)131 (16)98
(17)39 (18)151 (19)102 (20)75 (21)88
(22)44 (23)118 (24)118
(25)16 (26)13 (27)16 (28)14 (29)49 (30)13
(31)31 (32)35 (33)34 (34)33 (35)14 (36)67
(37)22 (38)4 (39)82 (40)73 (41)14 (42)18
(43)53 (44)30 (45)21 (46)73 (47)0 (48)24

SOLUTIONS

Day 49:
(1)183 (2)52 (3)122 (4)94 (5)170 (6)111
(7)85 (8)75 (9)151 (10)111 (11)135
(12)109 (13)73 (14)107 (15)145 (16)108
(17)116 (18)178 (19)132 (20)123 (21)94
(22)111 (23)84 (24)140
(25)27 (26)28 (27)35 (28)26 (29)26 (30)81
(31)22 (32)41 (33)64 (34)10 (35)86 (36)1
(37)67 (38)5 (39)28 (40)14 (41)23 (42)33
(43)21 (44)32 (45)24 (46)13 (47)0 (48)27

Day 50:
(1)153 (2)122 (3)87 (4)75 (5)39 (6)63
(7)77 (8)120 (9)153 (10)105 (11)124
(12)57 (13)125 (14)58 (15)69 (16)104
(17)128 (18)64 (19)100 (20)67 (21)129
(22)132 (23)184 (24)125
(25)0 (26)5 (27)48 (28)46 (29)0 (30)34
(31)18 (32)24 (33)69 (34)45 (35)26 (36)30
(37)9 (38)2 (39)34 (40)2 (41)48 (42)58
(43)43 (44)13 (45)9 (46)15 (47)10 (48)11

Day 51:
(1)97 (2)70 (3)161 (4)104 (5)78 (6)67
(7)111 (8)165 (9)110 (10)171 (11)117
(12)155 (13)106 (14)136 (15)149 (16)111
(17)59 (18)151 (19)106 (20)98 (21)104
(22)72 (23)51 (24)166
(25)16 (26)65 (27)3 (28)50 (29)74 (30)82
(31)3 (32)9 (33)18 (34)41 (35)21 (36)9
(37)6 (38)32 (39)70 (40)6 (41)70 (42)23
(43)35 (44)49 (45)36 (46)44 (47)44 (48)25

Day 52:
(1)82 (2)80 (3)119 (4)70 (5)76 (6)79
(7)115 (8)57 (9)107 (10)163 (11)143
(12)79 (13)119 (14)109 (15)67 (16)156
(17)39 (18)51 (19)117 (20)151 (21)98
(22)142 (23)154 (24)87
(25)37 (26)44 (27)33 (28)40 (29)25 (30)54
(31)35 (32)35 (33)52 (34)32 (35)14 (36)6
(37)47 (38)11 (39)7 (40)5 (41)1 (42)27
(43)22 (44)2 (45)10 (46)12 (47)7 (48)49

Day 53:
(1)137 (2)162 (3)73 (4)122 (5)127 (6)141
(7)77 (8)142 (9)105 (10)95 (11)180
(12)121 (13)103 (14)127 (15)172 (16)62
(17)128 (18)83 (19)150 (20)174 (21)107
(22)86 (23)103 (24)89
(25)2 (26)12 (27)1 (28)50 (29)33 (30)0
(31)41 (32)47 (33)37 (34)24 (35)31 (36)56
(37)20 (38)59 (39)6 (40)5 (41)52 (42)7
(43)0 (44)25 (45)25 (46)4 (47)36 (48)65

Day 54:
(1)59 (2)39 (3)85 (4)104 (5)137 (6)57
(7)98 (8)142 (9)71 (10)121 (11)58 (12)168
(13)156 (14)94 (15)128 (16)131 (17)161
(18)137 (19)148 (20)111 (21)28 (22)100
(23)98 (24)162
(25)12 (26)29 (27)67 (28)55 (29)67 (30)28
(31)9 (32)22 (33)11 (34)56 (35)1 (36)17
(37)17 (38)48 (39)49 (40)43 (41)60 (42)29
(43)5 (44)47 (45)3 (46)8 (47)77 (48)39

Day 55:
(1)169 (2)24 (3)122 (4)163 (5)98 (6)93
(7)162 (8)119 (9)101 (10)66 (11)94 (12)63
(13)153 (14)51 (15)95 (16)180 (17)92
(18)124 (19)148 (20)171 (21)86 (22)146
(23)126 (24)147
(25)5 (26)48 (27)24 (28)88 (29)19 (30)39
(31)71 (32)60 (33)76 (34)3 (35)19 (36)31
(37)69 (38)10 (39)5 (40)10 (41)3 (42)64
(43)41 (44)47 (45)43 (46)27 (47)17 (48)32

Day 56:
(1)91 (2)103 (3)97 (4)155 (5)77 (6)31
(7)116 (8)102 (9)135 (10)55 (11)155
(12)73 (13)144 (14)107 (15)180 (16)91
(17)161 (18)65 (19)74 (20)62 (21)112
(22)127 (23)109 (24)110
(25)3 (26)27 (27)0 (28)60 (29)43 (30)45
(31)73 (32)21 (33)18 (34)14 (35)48 (36)10
(37)0 (38)13 (39)30 (40)34 (41)1 (42)74
(43)9 (44)35 (45)12 (46)27 (47)21 (48)15

SOLUTIONS

Day 57:
(1)132 (2)114 (3)65 (4)87 (5)127 (6)106
(7)72 (8)98 (9)101 (10)111 (11)130 (12)65
(13)161 (14)133 (15)31 (16)77 (17)156
(18)104 (19)149 (20)107 (21)86 (22)127
(23)129 (24)95
(25)37 (26)1 (27)0 (28)64 (29)5 (30)39
(31)77 (32)48 (33)29 (34)10 (35)12 (36)47
(37)73 (38)35 (39)51 (40)12 (41)54 (42)27
(43)55 (44)25 (45)46 (46)34 (47)33 (48)6

Day 58:
(1)148 (2)146 (3)112 (4)137 (5)73 (6)101
(7)52 (8)116 (9)117 (10)108 (11)121
(12)35 (13)99 (14)157 (15)78 (16)161
(17)139 (18)116 (19)85 (20)78 (21)106
(22)171 (23)76 (24)148
(25)34 (26)22 (27)2 (28)63 (29)32 (30)12
(31)0 (32)31 (33)12 (34)52 (35)34 (36)43
(37)25 (38)14 (39)19 (40)47 (41)2 (42)7
(43)16 (44)1 (45)11 (46)54 (47)1 (48)31

Day 59:
(1)102 (2)126 (3)170 (4)72 (5)138 (6)58
(7)114 (8)96 (9)60 (10)98 (11)176 (12)197
(13)153 (14)56 (15)129 (16)179 (17)104
(18)133 (19)67 (20)27 (21)98 (22)67
(23)78 (24)175
(25)17 (26)24 (27)4 (28)54 (29)43 (30)17
(31)28 (32)6 (33)4 (34)12 (35)11 (36)3
(37)4 (38)2 (39)24 (40)36 (41)47 (42)36
(43)17 (44)50 (45)75 (46)67 (47)19 (48)42

Day 60:
(1)165 (2)128 (3)150 (4)81 (5)123 (6)171
(7)72 (8)135 (9)74 (10)144 (11)44 (12)106
(13)152 (14)64 (15)60 (16)127 (17)123
(18)127 (19)153 (20)187 (21)168 (22)115
(23)52 (24)86
(25)56 (26)17 (27)18 (28)14 (29)4 (30)12
(31)30 (32)49 (33)11 (34)46 (35)62 (36)7
(37)18 (38)77 (39)20 (40)61 (41)20 (42)35
(43)44 (44)23 (45)30 (46)17 (47)5 (48)53

Day 61:
(1)1040 (2)1159 (3)1556 (4)1134 (5)1242
(6)453 (7)601 (8)609 (9)721 (10)1386
(11)1034 (12)972 (13)1726 (14)519
(15)1308 (16)1011 (17)1619 (18)981
(19)633 (20)413 (21)263 (22)1133
(23)1715 (24)1842
(25)88 (26)58 (27)565 (28)358 (29)471
(30)113 (31)400 (32)532 (33)405 (34)487
(35)7 (36)277 (37)58 (38)114 (39)348
(40)220 (41)249 (42)263 (43)525 (44)197
(45)318 (46)55 (47)365 (48)66

Day 62:
(1)804 (2)629 (3)1034 (4)966 (5)1100
(6)889 (7)839 (8)1208 (9)1325 (10)551
(11)578 (12)297 (13)702 (14)1531
(15)1656 (16)735 (17)1353 (18)1119
(19)928 (20)1491 (21)1252 (22)1336
(23)1370 (24)1108
(25)224 (26)166 (27)257 (28)346 (29)589
(30)265 (31)523 (32)607 (33)514 (34)191
(35)443 (36)110 (37)243 (38)189 (39)414
(40)252 (41)288 (42)393 (43)261 (44)263
(45)12 (46)39 (47)136 (48)10

Day 63:
(1)660 (2)1022 (3)1294 (4)606 (5)1207
(6)678 (7)886 (8)520 (9)1257 (10)1638
(11)773 (12)1609 (13)898 (14)1360
(15)1445 (16)1191 (17)1204 (18)1347
(19)908 (20)508 (21)1003 (22)1836
(23)1303 (24)629
(25)295 (26)438 (27)169 (28)145 (29)195
(30)644 (31)2 (32)253 (33)578 (34)52
(35)108 (36)101 (37)815 (38)458 (39)50
(40)665 (41)342 (42)53 (43)234 (44)234
(45)212 (46)37 (47)161 (48)347

SOLUTIONS

Day 64:
(1)1051 (2)1365 (3)805 (4)816 (5)877
(6)842 (7)800 (8)1125 (9)722 (10)698
(11)990 (12)1613 (13)1579 (14)663
(15)763 (16)330 (17)726 (18)1527
(19)1455 (20)974 (21)1444 (22)1069
(23)1224 (24)679
(25)132 (26)747 (27)486 (28)38 (29)246
(30)467 (31)270 (32)553 (33)183 (34)149
(35)286 (36)251 (37)93 (38)100 (39)149
(40)320 (41)531 (42)501 (43)834 (44)246
(45)355 (46)354 (47)583 (48)8

Day 65:
(1)1074 (2)706 (3)1069 (4)1370 (5)995
(6)1289 (7)1380 (8)966 (9)848 (10)809
(11)1194 (12)734 (13)1063 (14)1180
(15)1483 (16)416 (17)989 (18)907
(19)1038 (20)706 (21)1211 (22)1708
(23)1499 (24)1784
(25)253 (26)344 (27)250 (28)41 (29)193
(30)435 (31)59 (32)91 (33)350 (34)268
(35)563 (36)413 (37)555 (38)380 (39)814
(40)666 (41)196 (42)137 (43)29 (44)832
(45)508 (46)517 (47)277 (48)35

Day 66:
(1)677 (2)1541 (3)1752 (4)372 (5)790
(6)1182 (7)670 (8)903 (9)723 (10)1712
(11)414 (12)967 (13)1645 (14)1095
(15)1041 (16)1409 (17)1702 (18)999
(19)1222 (20)1014 (21)899 (22)1253
(23)1358 (24)363
(25)459 (26)171 (27)27 (28)214 (29)91
(30)89 (31)175 (32)385 (33)461 (34)197
(35)423 (36)10 (37)124 (38)454 (39)160
(40)318 (41)123 (42)71 (43)10 (44)4
(45)540 (46)435 (47)127 (48)80

Day 67:
(1)646 (2)1167 (3)778 (4)1350 (5)901
(6)906 (7)1295 (8)1322 (9)1043 (10)1378
(11)261 (12)632 (13)911 (14)1553
(15)1251 (16)815 (17)1070 (18)1780
(19)1064 (20)1563 (21)800 (22)1085
(23)1053 (24)1425
(25)253 (26)255 (27)219 (28)636 (29)326
(30)17 (31)225 (32)217 (33)598 (34)608
(35)126 (36)266 (37)462 (38)38 (39)163
(40)168 (41)469 (42)653 (43)200 (44)68
(45)49 (46)725 (47)109 (48)153

Day 68:
(1)1007 (2)1775 (3)1125 (4)1477 (5)1686
(6)598 (7)1788 (8)1243 (9)690 (10)997
(11)596 (12)822 (13)411 (14)568 (15)1212
(16)1421 (17)796 (18)1419 (19)1352
(20)737 (21)816 (22)564 (23)981 (24)1354
(25)314 (26)312 (27)104 (28)79 (29)410
(30)179 (31)482 (32)416 (33)158 (34)214
(35)97 (36)35 (37)714 (38)141 (39)762
(40)27 (41)306 (42)436 (43)42 (44)594
(45)118 (46)41 (47)394 (48)26

Day 69:
(1)937 (2)1556 (3)494 (4)1058 (5)1088
(6)1099 (7)827 (8)319 (9)953 (10)1026
(11)641 (12)1476 (13)778 (14)1178
(15)806 (16)1334 (17)1233 (18)667
(19)567 (20)868 (21)1543 (22)786 (23)451
(24)1089
(25)46 (26)95 (27)33 (28)257 (29)99
(30)110 (31)428 (32)291 (33)45 (34)675
(35)301 (36)465 (37)107 (38)549 (39)604
(40)857 (41)567 (42)515 (43)266 (44)159
(45)273 (46)11 (47)314 (48)56

SOLUTIONS

Day 70:
(1)716 (2)443 (3)1049 (4)302 (5)768
(6)896 (7)1303 (8)1793 (9)1275 (10)1271
(11)1061 (12)989 (13)1389 (14)638
(15)741 (16)666 (17)1294 (18)973
(19)1602 (20)1097 (21)1218 (22)851
(23)1131 (24)1016
(25)75 (26)53 (27)78 (28)68 (29)648
(30)335 (31)237 (32)453 (33)22 (34)107
(35)584 (36)265 (37)18 (38)474 (39)7
(40)185 (41)204 (42)505 (43)229 (44)604
(45)169 (46)88 (47)570 (48)163

Day 71:
(1)1762 (2)1722 (3)658 (4)1374 (5)953
(6)1343 (7)753 (8)1134 (9)1613 (10)805
(11)293 (12)1730 (13)1456 (14)1378
(15)954 (16)1166 (17)1848 (18)1627
(19)893 (20)466 (21)650 (22)1347 (23)860
(24)887
(25)162 (26)335 (27)175 (28)352 (29)9
(30)300 (31)494 (32)470 (33)128 (34)393
(35)666 (36)261 (37)114 (38)107 (39)71
(40)762 (41)218 (42)381 (43)560 (44)536
(45)636 (46)358 (47)746 (48)226

Day 72:
(1)650 (2)1574 (3)833 (4)1023 (5)940
(6)1338 (7)1481 (8)972 (9)991 (10)1338
(11)1328 (12)945 (13)686 (14)917
(15)1187 (16)1784 (17)1195 (18)1331
(19)1320 (20)1021 (21)1126 (22)857
(23)777 (24)1274
(25)279 (26)152 (27)13 (28)305 (29)421
(30)211 (31)234 (32)78 (33)242 (34)793
(35)408 (36)369 (37)365 (38)718 (39)514
(40)105 (41)217 (42)79 (43)7 (44)269
(45)268 (46)390 (47)493 (48)499

Day 73:
(1)1331 (2)863 (3)706 (4)932 (5)1110
(6)1132 (7)1054 (8)476 (9)1257 (10)1407
(11)995 (12)1250 (13)712 (14)1153
(15)885 (16)772 (17)513 (18)894 (19)1321
(20)1371 (21)523 (22)1053 (23)867
(24)1179
(25)668 (26)165 (27)216 (28)74 (29)32
(30)258 (31)108 (32)509 (33)353 (34)559
(35)261 (36)258 (37)533 (38)333 (39)386
(40)145 (41)39 (42)332 (43)639 (44)224
(45)702 (46)583 (47)221 (48)351

Day 74:
(1)1022 (2)1458 (3)1346 (4)952 (5)1553
(6)1120 (7)818 (8)1526 (9)762 (10)1082
(11)1141 (12)1368 (13)1295 (14)769
(15)931 (16)966 (17)954 (18)583 (19)1302
(20)757 (21)761 (22)1077 (23)419
(24)1488
(25)85 (26)317 (27)376 (28)422 (29)215
(30)394 (31)48 (32)29 (33)439 (34)246
(35)294 (36)171 (37)156 (38)245 (39)201
(40)464 (41)339 (42)13 (43)485 (44)374
(45)498 (46)44 (47)349 (48)68

Day 75:
(1)797 (2)1139 (3)759 (4)870 (5)1043
(6)922 (7)1347 (8)746 (9)1330 (10)1054
(11)862 (12)1266 (13)1388 (14)922
(15)885 (16)1212 (17)685 (18)1284
(19)653 (20)870 (21)1224 (22)902
(23)1309 (24)1303
(25)636 (26)19 (27)592 (28)545 (29)45
(30)77 (31)369 (32)609 (33)8 (34)138
(35)341 (36)252 (37)244 (38)659 (39)18
(40)34 (41)95 (42)112 (43)206 (44)103
(45)426 (46)117 (47)79 (48)100

SOLUTIONS

Day 76:

(1)1563 (2)652 (3)1348 (4)964 (5)1101
(6)880 (7)1719 (8)1512 (9)1426 (10)1065
(11)420 (12)1682 (13)396 (14)722 (15)772
(16)473 (17)1393 (18)1469 (19)611
(20)927 (21)1056 (22)1684 (23)964
(24)1401
(25)745 (26)41 (27)125 (28)265 (29)663
(30)43 (31)324 (32)350 (33)33 (34)105
(35)176 (36)224 (37)181 (38)343 (39)135
(40)451 (41)54 (42)208 (43)722 (44)388
(45)65 (46)47 (47)263 (48)274

Day 77:

(1)547 (2)1466 (3)1583 (4)1432 (5)534
(6)968 (7)943 (8)1209 (9)1139 (10)1607
(11)1106 (12)1179 (13)612 (14)1565
(15)922 (16)1404 (17)1151 (18)867
(19)618 (20)1077 (21)1531 (22)783
(23)240 (24)458
(25)568 (26)315 (27)755 (28)291 (29)836
(30)600 (31)285 (32)466 (33)173 (34)517
(35)226 (36)217 (37)175 (38)307 (39)460
(40)374 (41)105 (42)59 (43)131 (44)326
(45)46 (46)169 (47)117 (48)285

Day 78:

(1)531 (2)1193 (3)682 (4)1222 (5)1042
(6)1400 (7)1301 (8)1222 (9)1838 (10)544
(11)1507 (12)550 (13)996 (14)1294
(15)1609 (16)1622 (17)473 (18)1309
(19)1467 (20)1980 (21)1344 (22)1758
(23)1927 (24)1319
(25)330 (26)787 (27)125 (28)335 (29)193
(30)19 (31)157 (32)235 (33)186 (34)836
(35)98 (36)77 (37)52 (38)483 (39)280
(40)362 (41)361 (42)228 (43)245 (44)451
(45)45 (46)339 (47)164 (48)336

Day 79:

(1)1194 (2)867 (3)1433 (4)746 (5)360
(6)1785 (7)1668 (8)1123 (9)552 (10)983
(11)1435 (12)1819 (13)367 (14)997
(15)1081 (16)920 (17)1347 (18)350
(19)1719 (20)1053 (21)1325 (22)1224
(23)604 (24)645
(25)190 (26)138 (27)61 (28)698 (29)531
(30)155 (31)395 (32)68 (33)419 (34)351
(35)30 (36)149 (37)642 (38)616 (39)55
(40)597 (41)401 (42)172 (43)99 (44)44
(45)20 (46)336 (47)265 (48)561

Day 80:

(1)1323 (2)784 (3)452 (4)594 (5)1444
(6)1047 (7)1008 (8)1422 (9)1127 (10)444
(11)1149 (12)868 (13)1339 (14)1652
(15)1073 (16)1445 (17)925 (18)857
(19)1024 (20)1466 (21)1350 (22)1070
(23)617 (24)1098
(25)453 (26)324 (27)544 (28)199 (29)369
(30)816 (31)501 (32)698 (33)290 (34)332
(35)474 (36)56 (37)93 (38)648 (39)165
(40)165 (41)443 (42)184 (43)396 (44)476
(45)121 (46)31 (47)54 (48)132

Day 81:

(1)5675 (2)1744 (3)5086 (4)6501 (5)1682
(6)2804 (7)4142 (8)5409 (9)3486 (10)4350
(11)1994 (12)5591 (13)3144 (14)4061
(15)4901 (16)5562 (17)2199 (18)7099
(19)4060 (20)1240 (21)8421 (22)3836
(23)4871 (24)4975
(25)6762 (26)6481 (27)3784 (28)8206
(29)5410 (30)353 (31)3885 (32)538
(33)6192 (34)6765 (35)3188 (36)6460
(37)7567 (38)1882 (39)2817 (40)1867
(41)7078 (42)4034 (43)1068 (44)5876
(45)8826 (46)1506 (47)1252 (48)978

SOLUTIONS

Day 82:
(1)6686 (2)2519 (3)3886 (4)1891 (5)9486
(6)8915 (7)3042 (8)6204 (9)5222 (10)2351
(11)4678 (12)4697 (13)3727 (14)4615
(15)8459 (16)3630 (17)10347 (18)5145
(19)8931 (20)8377 (21)4554 (22)9948
(23)4504 (24)5238
(25)6698 (26)2646 (27)6252 (28)5770
(29)3838 (30)1114 (31)1607 (32)2476
(33)3705 (34)6279 (35)5414 (36)4667
(37)4290 (38)6092 (39)3668 (40)8591
(41)6291 (42)7879 (43)3296 (44)5438
(45)6885 (46)8959 (47)6844 (48)2381

Day 83:
(1)6361 (2)5262 (3)3472 (4)5887 (5)5652
(6)2089 (7)7679 (8)10299 (9)6790
(10)5670 (11)5046 (12)10016 (13)8275
(14)2304 (15)1931 (16)1227 (17)9458
(18)7142 (19)10140 (20)7085 (21)7097
(22)1457 (23)3448 (24)9967
(25)9226 (26)6902 (27)8379 (28)6996
(29)1922 (30)8442 (31)877 (32)6405
(33)7902 (34)2486 (35)8802 (36)6445
(37)7505 (38)3734 (39)9450 (40)4929
(41)4434 (42)8442 (43)5201 (44)6858
(45)8182 (46)7995 (47)9246 (48)8065

Day 84:
(1)9627 (2)7735 (3)2497 (4)3373 (5)9066
(6)3121 (7)1401 (8)6546 (9)5024
(10)10186 (11)7011 (12)6691 (13)6952
(14)5756 (15)6491 (16)3921 (17)3411
(18)7125 (19)7607 (20)1512 (21)6876
(22)3439 (23)10406 (24)10572
(25)8902 (26)5391 (27)6965 (28)9706
(29)829 (30)7029 (31)5044 (32)3947
(33)926 (34)7240 (35)3119 (36)1901
(37)1132 (38)937 (39)3214 (40)8212
(41)7115 (42)5680 (43)1061 (44)2377
(45)9277 (46)7060 (47)1652 (48)935

Day 85:
(1)4434 (2)5148 (3)3532 (4)4742 (5)10611
(6)5697 (7)8214 (8)7037 (9)5547 (10)6519
(11)8772 (12)3973 (13)2761 (14)9419
(15)8420 (16)7240 (17)10270 (18)2528
(19)10821 (20)9276 (21)3221 (22)9783
(23)2341 (24)4124
(25)8239 (26)2686 (27)5749 (28)4817
(29)8933 (30)4024 (31)7777 (32)1493
(33)5575 (34)7143 (35)1763 (36)1816
(37)9279 (38)4328 (39)9556 (40)7072
(41)6498 (42)3341 (43)6692 (44)8892
(45)2645 (46)1975 (47)6688 (48)2969

Day 86:
(1)1909 (2)3427 (3)8514 (4)8226 (5)2894
(6)9856 (7)5698 (8)9464 (9)7818 (10)4799
(11)5809 (12)3044 (13)1836 (14)9485
(15)5345 (16)3673 (17)8385 (18)5703
(19)5199 (20)2554 (21)1828 (22)5065
(23)8682 (24)2051
(25)3596 (26)5995 (27)5357 (28)8054
(29)3835 (30)2483 (31)4665 (32)8300
(33)7508 (34)3905 (35)5320 (36)5897
(37)597 (38)8134 (39)3309 (40)3692
(41)7060 (42)1798 (43)7382 (44)533
(45)2368 (46)3583 (47)5602 (48)9109

Day 87:
(1)3280 (2)7912 (3)8029 (4)4916 (5)8608
(6)4208 (7)4087 (8)8508 (9)3549 (10)5596
(11)4448 (12)8031 (13)2399 (14)9295
(15)6087 (16)4701 (17)3395 (18)10186
(19)2878 (20)2980 (21)7603 (22)2154
(23)8763 (24)3025
(25)8019 (26)4215 (27)1524 (28)301
(29)4918 (30)9007 (31)9028 (32)6621
(33)6208 (34)1503 (35)4248 (36)7636
(37)786 (38)6516 (39)4288 (40)8672
(41)1346 (42)2604 (43)1373 (44)3234
(45)7938 (46)4952 (47)2275 (48)9780

SOLUTIONS

Day 88:
(1)5669 (2)1736 (3)9653 (4)5233 (5)10049
(6)6873 (7)9910 (8)3180 (9)7499 (10)7006
(11)9037 (12)3460 (13)10254 (14)4310
(15)4718 (16)5633 (17)10203 (18)4643
(19)2350 (20)5928 (21)10260 (22)7670
(23)7742 (24)8900
(25)2128 (26)6229 (27)2848 (28)9289
(29)4858 (30)4470 (31)5103 (32)2313
(33)933 (34)6917 (35)3658 (36)9102
(37)4271 (38)6041 (39)908 (40)780
(41)3230 (42)5429 (43)9328 (44)61
(45)853 (46)7590 (47)2162 (48)8604

Day 89:
(1)8963 (2)2646 (3)2908 (4)8049 (5)5561
(6)7712 (7)7335 (8)3718 (9)7638 (10)6249
(11)9144 (12)4936 (13)5335 (14)8184
(15)4424 (16)9601 (17)3803 (18)2106
(19)10918 (20)7260 (21)5661 (22)6164
(23)7844 (24)6064
(25)2349 (26)4803 (27)899 (28)8831
(29)3973 (30)6026 (31)9757 (32)3000
(33)5387 (34)2956 (35)5750 (36)5768
(37)8693 (38)9034 (39)1985 (40)4724
(41)8181 (42)2008 (43)3902 (44)4468
(45)261 (46)7149 (47)1363 (48)7209

Day 90:
(1)5923 (2)5047 (3)7794 (4)4254 (5)6772
(6)7090 (7)5469 (8)5983 (9)5156 (10)2857
(11)6994 (12)9858 (13)1366 (14)7245
(15)4108 (16)7952 (17)8149 (18)10352
(19)6906 (20)6584 (21)1729 (22)9476
(23)8202 (24)6223
(25)4913 (26)3825 (27)1397 (28)4337
(29)5918 (30)5898 (31)4233 (32)6988
(33)9678 (34)7415 (35)2812 (36)606
(37)9356 (38)4304 (39)6922 (40)3736
(41)4962 (42)7493 (43)1520 (44)2325
(45)5287 (46)7835 (47)1848 (48)2439

Day 91:
(1)5704 (2)10155 (3)4977 (4)2742 (5)7454
(6)8916 (7)5757 (8)2773 (9)9807 (10)4406
(11)4439 (12)3536 (13)10234 (14)6652
(15)8923 (16)10334 (17)4626 (18)10292
(19)2530 (20)6444 (21)7548 (22)8932
(23)9766 (24)9527
(25)3801 (26)1647 (27)7702 (28)8925
(29)2045 (30)1697 (31)2422 (32)3708
(33)8250 (34)350 (35)4157 (36)9090
(37)5114 (38)6510 (39)6578 (40)5890
(41)218 (42)3867 (43)7974 (44)5573
(45)3790 (46)4765 (47)761 (48)3976

Day 92:
(1)10446 (2)5557 (3)6381 (4)2467 (5)4464
(6)2324 (7)5594 (8)10060 (9)4385
(10)7392 (11)1300 (12)2088 (13)2317
(14)8740 (15)4547 (16)8095 (17)5702
(18)6244 (19)5105 (20)3305 (21)6246
(22)10115 (23)6594 (24)5402
(25)9032 (26)7281 (27)2569 (28)6953
(29)502 (30)2465 (31)2071 (32)8510
(33)1496 (34)1039 (35)1069 (36)4473
(37)8248 (38)4616 (39)8973 (40)7556
(41)1058 (42)7600 (43)7927 (44)8487
(45)4182 (46)3258 (47)3757 (48)3554

Day 93:
(1)5564 (2)7753 (3)2920 (4)1955 (5)8466
(6)2011 (7)7889 (8)3903 (9)3334 (10)8348
(11)1901 (12)7265 (13)9201 (14)1926
(15)7210 (16)5931 (17)7400 (18)9785
(19)5633 (20)10248 (21)9814 (22)7520
(23)6464 (24)3559
(25)2295 (26)832 (27)2568 (28)5891
(29)191 (30)4410 (31)1084 (32)7558
(33)2667 (34)1806 (35)6585 (36)3897
(37)2942 (38)4224 (39)5211 (40)5558
(41)7530 (42)2226 (43)6731 (44)3374
(45)3867 (46)1044 (47)9218 (48)2702

SOLUTIONS

Day 94:
(1)3546 (2)1929 (3)6751 (4)4399 (5)4917
(6)6363 (7)7222 (8)2271 (9)7503 (10)4028
(11)1815 (12)3088 (13)4105 (14)8536
(15)4333 (16)2855 (17)7236 (18)6588
(19)6052 (20)7968 (21)5696 (22)5014
(23)9169 (24)1520
(25)7805 (26)1032 (27)7240 (28)3546
(29)1158 (30)1840 (31)5289 (32)7581
(33)8359 (34)8931 (35)613 (36)7589
(37)1502 (38)1579 (39)1758 (40)1339
(41)2236 (42)7180 (43)1891 (44)1396
(45)6352 (46)5198 (47)9365 (48)7703

Day 95:
(1)10041 (2)8012 (3)6996 (4)5873 (5)3914
(6)8174 (7)5134 (8)7996 (9)1984 (10)3730
(11)10610 (12)10191 (13)6527 (14)7761
(15)4447 (16)3195 (17)2367 (18)1172
(19)6521 (20)10001 (21)6641 (22)3684
(23)8444 (24)4161
(25)1933 (26)3344 (27)1583 (28)4897
(29)3488 (30)385 (31)6749 (32)5887
(33)8369 (34)6332 (35)2067 (36)5900
(37)8585 (38)5216 (39)5522 (40)1847
(41)1225 (42)8546 (43)7719 (44)1161
(45)7291 (46)3783 (47)6132 (48)7961

Day 96:
(1)4128 (2)3723 (3)9800 (4)3595 (5)5478
(6)5798 (7)1753 (8)5671 (9)7993 (10)7284
(11)1904 (12)4978 (13)7577 (14)8327
(15)6860 (16)9114 (17)6349 (18)3087
(19)8635 (20)10087 (21)4965 (22)4064
(23)6171 (24)7236
(25)3873 (26)1928 (27)5610 (28)8958
(29)5221 (30)7145 (31)1181 (32)3693
(33)883 (34)3581 (35)3633 (36)9699
(37)3481 (38)4906 (39)1241 (40)7616
(41)4807 (42)6106 (43)2277 (44)4188
(45)7058 (46)5807 (47)3179 (48)8168

Day 97:
(1)10094 (2)3662 (3)8793 (4)2896 (5)8043
(6)3289 (7)9472 (8)1723 (9)2746 (10)5464
(11)7527 (12)10005 (13)10148 (14)9901
(15)8172 (16)3909 (17)9095 (18)8354
(19)3305 (20)1296 (21)9726 (22)3729
(23)6148 (24)5915
(25)3286 (26)9011 (27)977 (28)6170
(29)8956 (30)7898 (31)1760 (32)7445
(33)2503 (34)1839 (35)8926 (36)8528
(37)5837 (38)3976 (39)6575 (40)7772
(41)7250 (42)7989 (43)2990 (44)5901
(45)805 (46)1210 (47)7676 (48)9074

Day 98:
(1)10169 (2)3931 (3)10683 (4)5731
(5)2269 (6)8742 (7)7332 (8)6126 (9)8493
(10)3296 (11)2415 (12)4416 (13)8295
(14)2920 (15)6621 (16)3145 (17)7566
(18)8765 (19)2639 (20)5675 (21)5319
(22)5579 (23)4047 (24)4701
(25)2202 (26)1545 (27)9686 (28)7820
(29)682 (30)4541 (31)4542 (32)2923
(33)2195 (34)2071 (35)6501 (36)936
(37)9441 (38)8628 (39)4444 (40)7146
(41)6036 (42)3328 (43)5516 (44)7379
(45)5178 (46)4069 (47)3147 (48)8099

Day 99:
(1)2446 (2)9019 (3)7937 (4)7639 (5)2115
(6)9172 (7)5035 (8)3573 (9)10000
(10)7774 (11)8496 (12)2919 (13)10522
(14)3116 (15)9527 (16)3430 (17)3224
(18)1269 (19)5972 (20)8058 (21)3364
(22)1868 (23)5234 (24)4370
(25)7166 (26)3469 (27)4815 (28)2307
(29)2994 (30)2436 (31)2069 (32)1862
(33)6065 (34)3605 (35)3984 (36)5555
(37)7253 (38)3207 (39)2777 (40)6115
(41)3458 (42)9796 (43)6155 (44)8058
(45)2837 (46)3156 (47)2238 (48)2426

SOLUTIONS

Day 100:

(1)9323 (2)2382 (3)4182 (4)7307 (5)8752
(6)9389 (7)9003 (8)9434 (9)3112 (10)6419
(11)7950 (12)9857 (13)3540 (14)5628
(15)8624 (16)5482 (17)6087 (18)2956
(19)1295 (20)2234 (21)10243 (22)5328
(23)10728 (24)8942
(25)5055 (26)5277 (27)5885 (28)4762
(29)4425 (30)5641 (31)9406 (32)5685
(33)4287 (34)6908 (35)8644 (36)4514
(37)5739 (38)7060 (39)7121 (40)7330
(41)3698 (42)2921 (43)9142 (44)4150
(45)5642 (46)6602 (47)7897 (48)3402

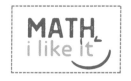

Congrats!

You are the Master of Addition and Subtraction!

Let's celebrate this best result!

Made in United States
Troutdale, OR
07/12/2024

21190289R00071